船越英一郎の
京都案内

Eiichiro Funakoshi's Guide in KYOTO

京都との付き合いも24年。
すっかり第三の故郷です。

初めて東映京都撮影所へとやってきたのは27歳の時でした。「ドラマが決まった、すぐ荷物を作って新幹線に乗れ！」というマネージャーからの電話がすべての始まり。賑わう新幹線の中で、厳しいと噂の撮影所に思いを馳せ、何度も台本を読みながら向かいました。先輩のおかげで戸惑うこととなく撮影に入れましたが、撮影所に馴染めたのは翌年から2年続く時代劇に入ってからでしょうか。僕の撮影所での歴史＝京都との深い付き合いは、こうして幕を開けました。以来24年、今も一年の半分近くは京都暮らし。湯河原、東京に続く第三の故郷だと思う船越であります。

—— Prologue ——

地道に捜査を重ねるように、
作り上げた"船越うまいもの帖"。

京都での生活は撮影所とロケ場所とホテルの行き来がほとんど。とはいえ食べることこそ至福の船越は、撮影の合間のお昼も、遅い時間に撮影が終わった後も、しっかり食べられる情報を押さえています。役者仲間からの口コミ、ふっと見かけて気になった店、地元誌で見つけた一皿。常日頃からリサーチには余念がありません。とっておきの高級店から、安くて手軽な店まで、隙あらば足を運んで、自らの舌で確かめる。差し入れにいただいたおやつも、好きなものは自分でリピートして、頭の中の"船越うまいもの帖"に加える。まさに食の地・取・り・捜査な日々です。

—— Prologue ——

船越に電話を掛けるように
この本をめくってください。

そんな船越の友人達や仕事仲間は、京都で行き先に悩んだらすぐに電話を掛けてくるわけです。しっとり京風情が味わえる気軽な割烹は？　遅い時間に大人数で行ける居酒屋は？　肉料理の気分なら？　などなど。お待たせしました、コンシェルジュ・船越の出番です。八面六臂の活躍をお約束しております。皆さんにも、同様の気分を味わって欲しくて作り上げたのがこの一冊。僕に電話をしたい、そう思ったらこの本を開いてください。船越がこよなく愛する行きつけや、おすすめしたいものばかりを厳選、コンシェルジュがとっておきのノートを見せる覚悟で一挙公開いたします。

—— Prologue ——

船越英一郎の京都案内 ─ 目次

京都のことは船越に聞きなさい。

第1章
京都コンシェルジュ・船越が
ナビする京都・春夏秋冬コース

春─桜色に染まる東山へ ─ 京都・桜の名所
夏─涼を求めて鞍馬＆貴船、鴨川へ ─ 京都・夏の行事
秋─まさに絶景なり。錦繍の嵐山へ ─ 京都・紅葉の名所
冬─華やかな行事と冬の味。凛とした祇園へ ─ 京都・冬の行事

とっておき京都❶　花街案内〜上七軒

第2章
ロケ場所から撮影所まで
船越の撮影現場のぞき見ツアー！

第3章 船越が選び抜いた京都完全グルメガイド

京都サスペンス案内
船越ドラマのロケ地巡礼
「狩矢警部」シリーズ ／「その男、副署長」シリーズ ／「ホンボシ」シリーズ

とっておき京都❷ 東映京都撮影所 …… 042

グルメ刑事事件簿 京都2泊3日くいだおれ捜査！ …… 048

1日目　味禅 〜 壹錢洋食 〜 三嶋亭
2日目　熊魚菴たん熊北店 〜 新福菜館 〜 古都香 〜 高台寺 閑人
3日目　イノダコーヒ本店 〜 牛若丸 〜 丸太町 十二段家 〜 いづ重

京都に来たら、これ食べなきゃ。ジャンル別グルメセレクト …… 058

【専門店】一意専心の追求ぶりに舌鼓
越路 ／ 祇園 大渡 ／ 閑臥庵 ／ まんざら本店

【和食】スタイル様々のご贔屓ばかり …… 064
串まんま（炭火焼）／ 逆鉾（ちゃんこ鍋）／ 大岩（串揚げ）／
ぶぶ家（お茶漬け）／ 炉ばたりん（炉端焼き）

第4章 パワースポットからお土産まで 京都の奥はまだまだ深い

とっておき京都❸ 錦市場

【お肉】京都人って実は肉好き、船越もね
にく処 おおた ／ 焼肉北山 ／ 駱駝家 ／ 牛宝 ／ 安参
【蕎麦&ラーメン】昼は夏なら蕎麦、冬はラーメン
竹邑庵太郎敦盛（蕎麦） ／ とおる蕎麦（蕎麦） ／ もうやん（蕎麦）
大王老麺（ラーメン） ／ 桃花春（ラーメン） ／ てんぐ（ラーメン）
【洋食】ジューシーなハンバーグに夢中です
鶴亀JAPAN ／ キッチン・ゴン ／ とくら
【中華&韓国】小さな名店と呼びたいこだわりぶり
開花 ／ 一之船入 ／ 風枝 ／ 韓風食房 うふふ
【バー】京らしく歴史ある空間にも酔う心地よさ
雪月花 ／ しぇりークラブ

ご利益確実!?　秘密のパワースポット

野宮神社 〜 縁結び ／ 護王神社 〜 足腰の健康 ／ 安井金比羅宮 〜 縁切り&縁結び ／ 車折神社 〜 約束が叶う ／ 妙晃寺 〜 悩み解決 ／ 善峯寺 〜 受験合格

うまいもんとお土産コレクション

【甘いもん】
レーブドゥクー ／ 然花抄院 ／ ヤオイソのフルーツサンド いちじく・栗クリームデラクレームの京野菜シュー ／ グランマーブルのマーブルデニッシュ 出町ふたばの豆餅 ／ 今西軒のきなこのおはぎ ／ 志津屋のカルネ まるき製パン所のハムロール ／ 塩芳軒の聚楽と干菓子

【食卓の友】
佐々木酒造の古都、聚楽第 ／ 京都一の傳の西京みそ漬 澤井醤油のにんにく醤油、さしみ醤油 ／ はれまのチリメン山椒 ／ 原了郭の黒七味 こと路の紀州特選大粒梅 ／ 山中油店の玉締めしぼり胡麻油、オリーブオイル

【お土産】
豊田愛山堂老舗の香袋、にほひ袋 ／ 嵩山堂はし本のポチ袋 一澤信三郎帆布の手提げ ／ 丸山人形のお福人形 象の千社札 ／ くみひも昇苑の正絹ストラップ 鈴木松風堂のパスタケース、シュガーポット 舞扇堂の京扇子

船越 KYOTO MAP 116

ジャンル別 INDEX 124

- 文中の営は営業時間、拝は拝観時間、休は定休日、個は個室あり、禁は全面禁煙を表します。
- 各店舗の【DATA】の最後にあるMAPは、P116〜123に掲載しています。
- 掲載店の営業時間、定休日、メニュー、価格等は、予告なく変更される場合があります。

Eiichiro Funakoshi's
Guide in KYOTO

under investigation

第 1 章

京都コンシェルジュ・船越が
ナビする京都・春夏秋冬コース

桜色にふわりと染まる。
春は東山へ。

連なる山々が芽吹き始める春には、名所揃いの東山を訪ねます。早春には石畳にともる花灯路。桜咲く頃には清水寺、高台寺、円山公園の散策を。はんなりした京らしさを心ゆくまで堪能あれ。

春 Spring

春
Spring

行き交う人力車。
乗るのはもちろん、
眺めるだけでも
風情があります。

清水寺 ｜ 清水 ｜
境内には約 1000 本の染井吉野が植えられています。奥の院から見る桜に囲まれた本堂や、
朱塗りの仁王門とのコントラストも鮮やか！ MAP 04

八坂の塔（法観寺） | 八坂通 |

石畳に五重塔は、もっとも
京らしい眺めのひとつ。事件を追って何度となく
走り抜けた坂道、春と秋には花灯路も開催。MAP 04

高台寺 | ねねの道 |

豊臣秀吉公を弔うため
北政所（ねね）が建立。方丈前庭の
枝垂れ桜が美しい。
ライトアップの夜桜も。MAP 04

石塀小路に八坂の塔から八坂通、二年坂、産寧坂と、東山では、ほんっと沢山のロケをしています。花灯路を舞台にした撮影では、お願いして路地行灯を立ててもらったりもしました。東山の魅力は、美しく手入れされた寺社や街並みと桜とのコントラスト。どこを切り取っても撮影スポットになる、名勝揃いです。

ロケ撮影も数知れず。思い出あふれる地。

石臼挽き十割の蕎麦を、絶景と共に。

本店は嵐山。五条烏丸店には蕎麦工房もあって、そこはメニューも豊富。ロケの合間によく行きます。その3号店がここ。清水寺や三年坂からもすぐ近く。よくぞこんな場所があったと思うロケーションです。窓の外に東山が一望できて、いや、まさに絶景。工房から届く手打ち蕎麦、ここでも種類豊富に味わえます。

東山界隈の桜の見頃は、例年3月下旬から4月上旬。

春 Spring

半量のざるそばと半量そば（山菜またはとろろ）、天ぷら丼、京漬物の東山膳 1,785円。

左・元は大正時代に建てられた個人の邸宅。
右・おくどさんなど町家の雰囲気も味わえる。

よしむら清水庵
Yoshimura kiyomizuan

【DATA】☎075-533-1212　東山区清水三年坂西四軒目　営11:00〜17:00（清水寺ライトアップ時は夜間営業の場合も）休無　MAP04

京都・桜の名所 10選

1 京都御苑
広大な敷地に1000本を超える桜が点在。なかでも、1カ月にわたって次々と咲く、近衛邸跡の枝垂れ桜は圧巻。

2 元離宮二条城
清流園及び城内西側の八重紅枝垂れ桜、桜の園の里桜など、世界遺産の中に趣の異なる桜が。ライトアップも。

3 平野神社
桜の神社と言われ、河津桜から始まって八重桜まで約2カ月にわたり、50種にものぼる桜が楽しめます。

4 仁和寺
御室桜と呼ばれる、丈の低い八重の桜庭園。4月中旬に咲くため、仁和寺で京の桜シーズンは終わりを告げます。

5 嵐山
数千本もの山桜が山全体を桜色に染める、ほかでは見られない眺め。侘び寂びを感じさせてくれる桜の絶景。

6 半木の道
賀茂川沿いの散歩道には八重紅枝垂れ桜が800mにわたって植えられていて、花のトンネルで桜を満喫できます。

7 哲学の道
銀閣寺から南へ約2km続く疎水沿いの散策路。染井吉野で桜色に染まります。水面に落ちた花びらも美しい。

8 平安神宮
池泉回遊式庭園の中、南神苑と東神苑には八重紅枝垂れ桜が咲き誇って、圧巻。ライトアップコンサートも開催。

9 木屋町通
木屋町通の高瀬川に沿う桜並木。日常の暮らしの中で目にする、京都っ子にはもっとも馴染みのある桜スポット。

10 祇園白川
祇園町の北側、白川沿いの染井吉野と枝垂れ桜の並木。石畳と町家、白川、柳の組み合わせが、いかにも京らしい。

右・庭には山野草が飾られ、風情ある佇まい。
左・香ばしく焼いた餅入りぜんざい600円。

緑あざやかな、隠れ家的甘味処。

広い円山公園の東南あたり、長楽寺の参道脇に建つこぢんまりとした甘味処。創業以来50年、変わらぬ味を受け継ぎます。僕のお気に入りはぜんざい。大粒でふっくらと炊かれた小豆のおいしいこと。甘すぎずあっさり、風味もいい。祇園町の芸舞妓さんに愛されているのも納得の、素朴な味わいです。

紅葉庵
Momijian

{ DATA } ☎075-551-0420　東山区円山公園内（長楽寺参道入口）　11:00～17:00　休木　抹茶とセットの亀山700円も。　MAP 04

ふるふるっと柔らかな寒天を抹茶蜜と大納言小豆の甘さでいただく、宇治かんてん600円。

夏
Summer

川面を渡る風。
涼を求めて鞍馬・貴船へ。

暑い暑い京都の夏。一服の清涼をもたらしてくれるのは、涼やかな水、せせらぎの音、川を抜ける風。川床のある京の避暑地へと足を運ぶのも、街中の納涼床にて涼むのも、ともに魅力の夏。

夏

くらま温泉 ｜ 鞍馬

鞍馬の借景が素晴らしい露天風呂。京都市内では数少ない天然温泉で、日帰り入浴もできるんです。☎ 075-741-2131 MAP ⓲

汗をかいて涼をとる。
健全な夏の休日。

夏の休みに、一度は足を運ぶのが鞍馬と貴船。まずは鞍馬寺にお参りしたあと、くらま温泉でひとっぷろ浴びて汗を流す。暑いからこそ熱い温泉が気持ちいい。そして貴船へと向かいます。『右源太』の川床が船越の定番。この半日旅で涼を満喫して心も身体もしゃきっと。翌日からの仕事に向かうことができる次第です。

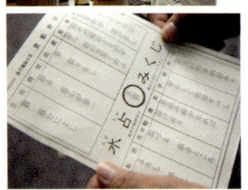

貴船神社 ｜ 貴船

水の神様だけにおみくじも水に浮かべると文字が浮き出ます。船越は…やった大吉！本も大ヒットだ。MAP ⓲

鞍馬寺 ｜ 鞍馬

鞍馬山の鞍馬天狗で知られる山間の寺。山門からケーブルカーで多宝塔まで登れば、涼しさもより一層。貴船神社までの厳しい山越えにも挑戦できます。MAP ⓲

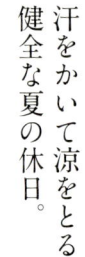

右源太
▼ Ugenta ▼

[DATA] ☎075-741-2146　左京区鞍馬貴船町76　営11:30～14:00、17:00～19:00　休無　川床は5/1～9/30。要予約。MAP⑱

左・貴船の川床の中でも、古い歴史を誇る。右・昼の川床会席14,490円（税サ込）から、鮎とアマゴの焼物など。週末は7,245円～。

涼感たっぷりで、料理の味も引き立つ。

明治時代、貴船神社の社家の流れを受け継ぐ初代が、地元の味を味わえる料理旅館として創業した料理店。とにかく川床の威力は貴船の醍醐味。

すごい。だまされたと思って座ってみてください。涼しすぎて毛布を借りたこともある船越です。冬になればば暖かい囲炉裏ですっぽんスープのしし鍋・気生根鍋に舌鼓を打つ。これもまた

手を伸ばせばすぐ、貴船川のせせらぎ。川床では鮎が合うね。

左・カウンターも。右・鮎塩焼き1匹650円、上賀茂産かもなす田楽750円は2色の味噌で。

まんざら亭 団栗店
❤ Manzaratei ❤

{ DATA } ☎075-344-0280　下京区四条通木屋町下ル団栗橋西 高岡ビル1F ㊉17:00〜24:00（床は〜23:00、22:30LO）㊡無　MAP❿

祇園祭は鱧祭とも言われます。夏の味、鱧おとし1,500円。

夏 Summer

鴨川の風に吹かれ、納涼床でおばんざい。

日本料理はもちろん、イタリアンやフレンチ、エスニックにカフェまで、近頃は幅広いジャンルで楽しむことができる納涼床。大鉢がカウンターに並ぶ、おばんざいをアラカルトで食べたいならここ。『まんざら本店』(P69)の姉妹店ですが、もっとカジュアルに、ベーシックなおばんざいが京都らしいお店です。

貴船の川床、鴨川の納涼床とも期間は5/1〜9/30。

京都・夏の行事 5選

1 宇治川の鵜飼い｜宇治
鵜をあやつりながら、かがり火に集まる鮎をつかまえる鵜飼。観覧船に乗って匠の技を堪能。6月下旬～9月下旬。

2 夏越祓｜市内各所
6月30日、大きな茅の輪をくぐることで、無病息災や悪除け退散を祈ります。北野天満宮など各神社で開催。

3 祇園祭｜市内各所
♪コンチキチンの祇園囃子の音色とともに始まる祇園祭。巡行ばかり注目されるけれど、実は7月の1ヵ月間が祭期間。14日～16日は宵山、17日は山鉾巡行と八坂神社の神霊をのせた神輿が四条寺町の御旅所へと向かう神幸祭、24日は華やかな花傘巡行と還幸祭。行事は目白押しです。

4 納涼古本まつり｜下鴨神社
境内の糺の森にずらりと古書店が並ぶ、日本最大級の古本市。境内の散策もともに楽しみたい。8/11～8/16。

5 五山の送り火｜市内各所
8月16日。そもそもはお盆の精霊を送る行事。大文字、妙法、船形、左大文字、鳥居形と順に灯がともります。

祇園祭の巡行の辻回しは圧巻！

23時で床が閉まった後は、落ち着いたカウンターへ移動することも可能。

正統派バーもある、鴨川納涼床の夜。

昼は貴船で涼んだら、夜は街中に戻って鴨川で飲む。それも粋な過ごし方。ちなみに貴船は「川床＝かわどこ」、鴨川は「床＝ゆか」と読むのでご注意を。川風に吹かれながらオーセンティックバーで過ごすひとときは、リゾートの気分も味わえ、とても贅沢です。

セントジェームスクラブ 本店
❦ Saint James Club ❦

{ DATA } ☎075-351-7571　下京区西石垣四条下ル斉藤町140-19　営19:00～翌2:00 (1:40LO、日17:00～。床18:00～23:00)　休無　MAP⑩

右・オリジナルのスターダスト1,200円、マンハッタン1,200円。川床チャージ1,000円。

嵐山の屋形船 ｜嵐山｜
渡月橋の少し西からは、船頭さんが棹だけで川を移動する屋形船も出ています。大堰川上流まで往復。

秋 Fall

自分だけの紅葉を探して歩いてみては。

巷では竹林は船越英一郎が歩いてるんじゃないかって、よく言われているようです（笑）。実際、かなりの回数ロケしてます、この道。秋は荘厳華麗に彩られる嵐山や嵯峨野。そのすごいところは、例えば船やトロッコから、橋からと、様々な角度から紅葉を眺められること。トロッコ列車は紅葉ポイントで止まってくれるから、見逃すこともありません。思い思いの眺めを心に刻んでください。

常寂光寺 ｜嵯峨野｜
紅葉に包まれる鐘楼。茅葺き仁王門と紅葉の組み合わせは、まるで和歌の世界から抜け出たよう。MAP⑳

天龍寺と大堰川に挟まれて、喧噪が遠くに感じる静かな場所。

少年の頃から、通い続ける湯豆腐店。

親父の代から40数年のお付き合い。ロケもさせてもらいました。京都で一番、付き合いの長い店かもしれません。奥に点在する個室で、滑らかな豆腐に舌鼓。締めは温泉卵を豆腐のタレに入れて、豆腐と薬味のネギも入れてぐちゃぐちゃと混ぜる。熱々ごはんにのせて食べれば、見た目は悪いけどうなるほどの旨さ。これ船越流。

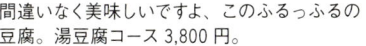

間違いなく美味しいですよ、このふるっふるの豆腐。湯豆腐コース 3,800 円。

湯豆腐 嵯峨野
♥ Yudofu Sagano ♥

{ DATA } ☎075-871-6946　右京区嵯峨天龍寺芒ノ馬場町45　営11:00〜19:00LO　休7月第4水木、12/30〜1/1　個　✕　MAP⑳

左・小さく写る自家製胡麻豆腐も、濃厚で香ばしくて美味。右・精進揚げもコースの一皿。

紅葉に染まるのは11月下旬〜
12月中旬あたり。

僕のベスト鰻がこれ。行列も嵐山名物です。

京都で鰻？と思う向きもあるやもしれません。でも船越は鰻こそ京都。江戸時代創業、埼玉・熊谷の老舗『廣川』の流れを汲む鰻は、蒸して焼き上げる江戸前。生産者限定で買い付ける鰻を、愛宕山水脈の井戸水で英気を養って、注文ごとに捌いて、焼いて。ごはんも保温せず炊きたてを使う。旨いのも納得のこだわりぶり。

炭火の香りも香ばしく、
脂ののった身は口でほろりと崩れて。

廣川
❦ Hirokawa ❦

[DATA] ☎075-871-5226　右京区嵯峨天龍寺北造町44-1　⏰11:30〜14:30、17:00〜21:00（20:00LO）休月（祝日は営業）　MAP⑳

左・移転して贅沢空間に。右・うな重定食
3,400円は鯉の洗いとうざく、吸い物付き。

京都・紅葉の名所 10選

1 南禅寺
三門の巨大な柱で切り取られた紅葉の景色は、額縁の中の絵を見るよう。水路閣とのコントラストも美しい。

2 永観堂
古くから"もみじの永観堂"として知られる紅葉の名刹。境内に植えられた三千本の紅葉が色づく姿は迫力満点。

3 詩仙堂
ししおどしの響く唐様庭園は、深紅に染まる紅葉と、美しく手入れされたサツキ、白砂のコントラストが見事。

4 曼殊院
白砂の枯山水庭園と紅葉のコントラストが鮮やか。紅葉のトンネルとなる参道は、白壁と苔の緑の組み合わせ。

5 実相院
朱の紅葉が磨き上げられた床に映る床もみじ"で知られる寺院。白砂の石庭を覆うように色づく紅葉も華やか。

6 大徳寺・高桐院
大徳寺の塔頭のひとつ。石畳が美しい参道を埋め尽くす紅葉が有名。南庭と合わせて、散り紅葉を楽しみたい。

7 源光庵
本堂に並ぶ"悟りの窓"の丸い窓と、"迷いの窓"の四角い窓ごしに眺める庭の紅葉は、まさに一幅の絵の様相。

8 大覚寺門跡・大沢池
平安時代に造られた大沢池の周りには、紅葉と桜が交互に植えられていて、池に映る紅葉の姿も趣があります。

9 二尊院
2体如来像を祀っていることが名の由来。"紅葉の馬場"と呼ばれる参道や、鐘楼ごしの紅葉が鮮やか。

10 東福寺
春より秋を選んで桜を切ったことで知られる紅葉の寺。通天橋から見下ろす紅葉は、紅い雲に乗ったよう。

左・抹茶スポンジとクレープで生麩を巻いた竹林ロール 650円。よーじや特製カプチーノ 600円。

ロゴマークが描かれたカプチーノで一休み。

京土産の中で八ッ橋、漬物に続く勢いを誇る大定番が『よーじや』のあぶらとり紙。嵐山のほか、三条や銀閣寺にもあるカフェでの人気は、トレードマークの手鏡に映る女性の顔を描いたカプチーノ。ついすすめたくなるかわいらしさです。朝の散策後は遅めのモーニングも。

よーじやカフェ 嵯峨野嵐山店
Yojiya cafe

【DATA】☎075-865-2213　右京区嵯峨天龍寺立石町2-13　🕙10:00～18:00（17:30LO）休無
MAP⑳

天龍寺のすぐ北。3月〜5月、10月、11月は9:00〜の営業。隣接してショップもあります。

冬
Winter

華やかな行事と冬の味を求めて、凛とした祇園へ。

足元からじわじわと寒さが寄ってくる、底冷えの冬。師走、お正月、節分とつづく花街・祇園には、寒さを忘れさせてくれる華やかな習わしがあります。湯気もごちそうのかぶら蒸しや、脂ののった鯖寿司。目で舌で、冬ならではの魅力を知ってください。

年越しの定番『松葉』のにしんとそばを手に、満足。

祇園・冬の歳時記

芸舞妓さんが行き交う、花街らしく華やかな行事が目白押し。
目にするたびに、冬の京都の魅力をますます実感させてくれます。

12/31
おことうさん
舞妓さんの仕事納めは12月30日。31日には「おことうさんどす」とご贔屓のお茶屋さんへ挨拶に回ります。中に小さな縁起物が入った、紅白の福玉をもらうのがおきまりです。

12/13
事始め
年の瀬の風物詩が事始め。祇園をはじめ、花街ではこの日から新年を迎える準備がスタート。芸舞妓さんが「おめでとうさんどす。今年もおたのもうします」と挨拶に回ります。

12月
吉例顔見世興行
毎年東西の歌舞伎役者が競演し、1年を締めくくる南座での歌舞伎公演。11月の下旬には、勘亭流という独特の書体で書かれた"まねき"が掲げられ、師走の風物詩となっています。

1/13
初寄り
祇園町の芸舞妓さんが舞うのはすべて京舞井上流。その師匠の井上八千代先生のもとへ、稽古始めの挨拶に伺う日。鮮やかな着物姿で、祇園町をはんなりした空気にしてくれます。

1/7
始業式
祇園甲部は八坂女紅場(にょこうば)学園で行われる、一年で最初の行事。芸舞妓さんは正装の黒紋付と稲穂のかんざしで。その後、お茶屋や置屋に挨拶に回る姿が華やかです。

松葉 [祇園]

[DATA] ☎ 075-561-1451 東山区四条大橋東入ル川端町192
営 10:30〜21:30 休 水(祝日は営業) そばセット千鳥 2,310円
MAP 09

食べても見てもよし。冬の醍醐味は花街に。

結婚して以来、船越家の年越しは『松葉』のにしん蕎麦と決まっています。甘辛く炊いた鰊と、やさしいダシの組み合わせを食べると、「ああ今年も一年が終わった」と実感。顔見世から、芸舞妓さんが行き交う行事も盛りだくさんで、活気づく祇園町に冬を感じます。

白川にかかる巽橋。しんしんと
降る雪なら、風情もより一層。

鯖寿司とかぶら蒸し。
冬の醍醐味ふた品。

選び抜いた食材を直球勝負で。器も永楽に清水六兵衛など、料理を引き立てる力強いものばかり。そして真摯な姿勢を常に崩さない、ご主人・西村元秀さん。間違いなく美味しいものを食べさせてくれると、京都人からも信頼を寄せられる一軒が『祇園にしむら』です。鯖の脂と千枚漬けの相性がいい、名物鯖寿司は冬が旬。

聖護院かぶらのかぶら蒸し。12月〜
1月頃に登場、予約時に確認を。

右・10月半ばから4月までは千枚漬けがのる
鯖寿司がスペシャリテのひとつ。

祇園にしむら
Gion Nishimura

{ DATA } ☎075-525-2727　東山区祇園町南側570-160　17:00〜20:00入店　休日　料理10,500円〜。サ15%。要予約　MAP09

祇園 日
Gion NITI

[DATA] ☎075-525-7128　東山区祇園町南側570-8　営カフェ11:00〜18:00　休不定　バー19:00〜翌2:00　休日・祝 カフェ❌ 　MAP09

右・カフェでは涼炉で焼く生おかき、5種のディップ添え1,000円や、和の甘味を。

冬 Winter

チークの一枚板のカウンターでグラスを傾ける。

風情溢れる路地奥の、昼カフェ、夜バーへ。

町家の暖簾をくぐれば、昼はカフェ、夜になればバーが出迎えてくれます。ゆったりとした椅子、奥には坪庭、個室や座敷と雰囲気の異なる空間があるのも魅力的。バーテンダーの里中さんは、実は若かりし頃通っていた『雪月花』（P96）のカウンターに立っていた方。旧交を温めながら飲む酒はまた格別。再会に乾杯。

町家と石畳に雪が舞えば、白さもきわだち、美しい眺めです。

京都・冬の行事 6選

1 大根炊き｜千本釈迦堂
お釈迦様が悟りを開いたことを祝って、梵字が書かれた丸大根を炊いて食べる。厄除けなどご利益あり。12/7〜8。

2 終い弘法・終い天神｜東寺・北野天満宮
毎月21日は東寺の弘法市、25日は北野天満宮の天神市。京都を代表する市も12月には一年最後で賑わいます。

3 おけら詣り｜八坂神社
大晦日、境内に灯された火を縄に移して持ち帰り、一年最初の火種にすると無病息災で過ごせると言われる行事。

4 十日ゑびす｜京都ゑびす神社
吉兆のお笹や大宝・宝船など縁起物、年の初めの商売繁盛・家運隆盛のお札を求める人々で賑わう。1/8〜12。

5 節分｜吉田神社
各神社で節分の行事が行われる京都。吉田神社では鬼を追い払う追儺式や、福豆抽選会があって盛ん。2/2〜4。

6 梅花祭｜北野天満宮
梅を愛した菅原道真公を偲んで、命日の2月25日に上七軒の芸妓さんによる茶会などが開かれます。梅苑も見頃。

吉田神社の節分限定、厄除け札。

祇園町北側の路地。迷わないようご注意を。花街らしく深夜まで営業。出張もあり。

町家で癒される、マッサージの館へ。

一見、マッサージ屋さんとは思えない佇い。仕事終わりの役者仲間を連れて行くと、みんな驚いたり喜んだり。板の間はもちろん、畳も床暖でじんわり温かい。まずこれが気持ちいい。指圧やあんま、鍼灸からタイマッサージと色々ある中で、症状に合わせて先生も選んでくれるから効果的なのも納得。

日吉堂
Hiyoshido

{DATA} ☎075-561-1460　東山区祇園町北側347　⌚13:00〜翌1:30（予約優先）　休無　各種施術5,000円〜。　MAP09

お香に和み、ヒーリング音楽に癒され、それぞれに風情のある部屋でくつろぎます。

とっておき京都 ❶
花街案内
上七軒

もっとも歴史ある京の花街、上七軒。落ち着いて、上品な華やかさは、大人にこそ似合う街並みです。まるで隠れ家のような料理店やバー、ほど近い甘味処までご案内します。

君は日本文化の伝承者だね

情緒たっぷりの花街を舞妓さんとともに散策。

遡れば室町時代。北野天満宮の社殿を建てるのに使われた木材の残りで、7軒の茶店を作ったのが始まりとされる上七軒。祇園甲部や宮川町、先斗町など京都五花街のうち、最も古い歴史を持つ花街です。春には芸舞妓揃って出演する北野をどり、夏には歌舞練場で開かれるビアガーデン、冬には節分の北野天満宮で豆まきなど、四季折々の行事ごとに花街の風情を味わえるのも魅力。「お茶屋と並んで建つ店々の看板も控えめで、しっとりした風情が気持ちにすっと馴染むんです」。今日は梅らくちゃんと一緒に。来年には石畳となって、ますます趣ある花街へと進化する予定。

Kami Shichiken
北野天満宮

ご一緒できて嬉しおす

Kami Shichiken
上七軒ビアガーデン

Kami Shichiken
梅乃

❶ 華やかでかわいらしい舞妓ちゃんは、歩く京文化そのもの。

❷ はんなり京言葉が美しい。
❸ 落ち着いたお茶屋ホームバー。
梅乃 ☎075-462-2818 上京区北野上七軒 営19:00～24:00 休日・祝 基本的には紹介制。この本を見たと言えば予約可能。個 MAP⓲

❹ 上七軒の西、菅原道真公を祀る学問の神様で、京都の人は親しみを込めて天神さんと呼びます。1500本の梅が咲く梅苑や天神市が有名。 MAP⓲

❺ 上七軒歌舞練場の夏の風物詩。お揃いの浴衣の芸舞妓さんがもてなしてくれる贅沢ぶり。
上七軒ビアガーデン ☎075-461-0148 上京区今出川通七本松西入ル真盛町 営17:30～22:00(21:30LO) 期間は7/1～9/5、お盆休みあり。ビール中ジョッキ1杯と酒菜2品の最初のセットが1,800円。 MAP⓲

Kami Shichiken

文楽

扉の向こうに
こっそり、こんな
美味がありました。

西陣からも近い花街には、口の肥えた旦那衆や芸舞妓さんも通う名店が沢山あります。日本料理はもちろん、バーや甘味処まで。

『文楽』は老舗のお茶屋『市』が開いた割烹。美味しいものを知り尽くした若旦那が切り盛りしていて安心できる店です。『はれま』は普段は紹介がないと入れないけど、この本を持っていけば読者は船越が紹介者ということでOK。『澤屋』の粟餅はお土産にもいいね」。

❶ ぐじ造り1、800円はレモン酢で。ねっとり口に広がるうま味。❷ 座敷のほかカウンター席も。❸ 上七軒に店を構えて6年目。❹ 鴨ロースくわ焼2,000円。単品はボリュームがあるので、初めてならコースがおすすめ。

甘辛いタレで
ジューシーな鴨を

Kami Shichiken

上七軒 はれま

付きだしの
ちりめん山椒も旨い

Kami Shichiken

粟餅所・澤屋

⑤「まさに大人のためのバー。もっとも大人じゃない頃から通っている船越はハードボイルドになりきれないのでした」。

⑥⑦ちりめん山椒『はれま』とは異なるのでご注意。「一見さんお断りのハードルは、僕の紹介で下がるから安心を」。

⑧北野天満宮の門前で三百年続く甘味処。注文が入ってから、ほんのり温かい粟餅を丸め、こし餡ときなこの2つの味でいただく。

⑨粟餅1人前5個550円。持ち帰りは10個1,100円〜。

文楽 ☎075-465-3456
上京区今出川通七本松西入ル
営17：30〜22：00LO
休日・祝
8品のおまかせコース6,930円（税サ込）〜も。個 MAP 17

上七軒 はれま ☎075-463-6230
上京区北野上七軒
営19：30〜24：00
休日・祝 基本は紹介制。この本を見たと言えば予約可能。 MAP 17

粟餅所・澤屋 ☎075-461-4517 上京区今小路通御前西入ル紙屋町838-7
営9：00〜17：00頃
休木、毎月26日
夏は粟餅氷も。 MAP 17

Eiichiro Funakoshi's
Guide in KYOTO

shadowing

第2章

ロケ場所から撮影所まで
船越の撮影現場のぞき見ツアー！

京都
サスペンス案内

船越ドラマのロケ地巡礼

京都東映撮影所で撮影する『狩矢警部』『その男、副署長』『ホンボシ』はいずれも、町のあちらこちらでのロケシーンがぎっしり詰まった"京都案内"ドラマ。撮影の名所から、船越が駆け抜ける通り、新名所と言いたいスポットまで一挙公開します。

京都で撮影する船越のドラマでは、いかに京都を紹介するかもひとつのテーマ。ザ・京都なドラマなんですよ。監督も僕もまだまだ知らないスポットは沢山あるし、それを持っているのが京都の奥深さ。これからもどんどんご紹介していきます。

船越の代表作ともいえる3つのドラマからピックアップした、撮影スポット巡り。新しい京都の一面を発見していただければうれしいです。

れにセットではないから、同じ場所で撮影しても監督やカメラマンによって切り取り方がまったく違うのもおもしろい。

テッパン名所
気づいてましたか？
観光名所として知られる、神社仏閣でも撮影してます。

南禅寺 -Nanzenji-
京都ロケの定番中の定番、ベスト3のひとつでしょう。三門の太い柱の間から見る境内の景色は、まるで名画を眺めるよう。ドラマによって見え方がまったく違うのにもご注目。㊙

[DATA]
☎075-771-0365
左京区南禅寺福地町86　MAP❼

※㊙は『狩矢警部』、㊙は『その男、副署長』、㊙は『ホンボシ』からのスチルカットです。

©TBS・東映
©テレビ朝日・東映

【 DATA 】
☎ 075-871-0071
右京区嵯峨大沢町
MAP⑳

【 DATA 】
南禅寺境内
MAP⑦

大覚寺門跡 -Daikakuji Monzeki-

旧嵯峨御所門跡。境内に大沢池があって、周りは舗装されてない道と電線のない空。時代劇から現代劇までお世話になってます。写真はホンボシの現場検証ですが、山村紅葉さん扮する狩矢警部の奥さんの茶室も、こちらの望雲亭なんですよ。㊃

水路閣 -Suirokaku-

琵琶湖から京都へと流れる疎水路。明治21年に完成して以来、100年以上経った今も現役です。お寺の中に突如現れるレンガ造りのアーチ。船越が潜んでるんじゃないかって、ちまたでは言われてるらしいんですが（笑）、これがどう撮っても絵になるんです。㊳

【 DATA 】
☎ 075-491-0082
北区紫野今宮町21
MAP㉑

【 DATA 】
P103参照MAP⑳

今宮神社 -Imamiyajinja-

参道に向かい合って2軒のあぶり餅店が並ぶ今宮神社。甘いものに目がない狩矢警部は、創業千年の『一和』の味がお気に入り。奥さん役の山村紅葉さんとは、いいコンビネーション。狩矢警部第10作目のエンディングシーンです。㊃

車折神社 -Kurumazakijinja-

車折神社と言えば、ずらりと並んだ朱塗りの玉垣のイメージでしょ？　ところが裏参道はしっとり落ち着いた雰囲気。テレビを見ている人にも撮影場所はどこと気づかれなくて、新鮮なんじゃないかな。もちろん撮影の前にはドラマの成功祈願も欠かしません。㊃

いつも走ってます

走って走って走って。街中でのロケも沢山。どこかで出会えるかも。

狩矢警部と副署長は、とにかく走るドラマで、もちろん常に本気で全力疾走が、船越のモットー。副署長の撮影では、寺町御池から市役所前を全速力で駆け抜けること3回目で不覚にも転倒。その後撮影を続けるも、激痛に耐えかね病院に行ったところ肋骨を3本骨折していたんです。これ以外にも肋骨3回、足2回。満身創痍、身体張ってます。それだけに"走り"の撮影は万難を排して一発勝負でOKがでるように、と現場に緊張感が走ります。

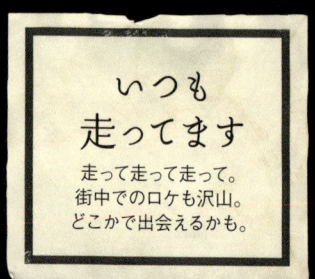

三条大橋 -Sanjo-Ohashi-

木製の欄干が特徴的な三条大橋はかなり走ってます。向かいのビルから望遠で隠し撮りすることも。副

[DATA]
三条通川端西入ル付近

維新の道 -Ishinnomichi-

ねねの道から産寧坂へと続く道。結構な坂道ですが、ここも自転車で爆走。正直キツイ。副

[DATA]
東大路通から霊山観音方面への道

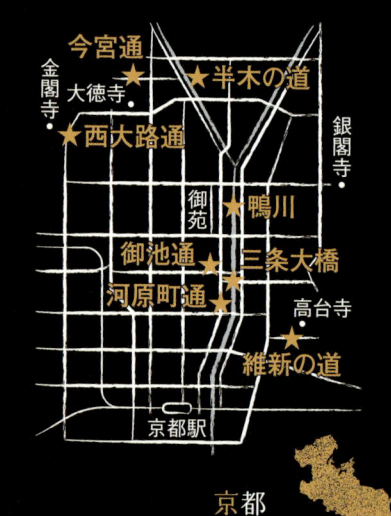

京都サスペンス案内

地図:
今宮通 / 金閣寺 / 大徳寺 / 半木の道 / 西大路通 / 銀閣寺 / 御苑 / 鴨川 / 御池通 / 三条大橋 / 河原町通 / 高台寺 / 維新の道 / 京都駅

【船越ドラマの数々】

01 狩矢警部シリーズ
甘いもの好き熱血漢の狩矢が京を駆け回る。山村美紗原作、京都府警捜査一課、狩矢警部が主人公。'05年の開始以来、'11年7月には第10作目が放映されている。

出演:山村紅葉 前田亜季 雛形あきこ 他

02 その男、副署長
制服を脱ぎ捨て、縦横無尽に駆け巡る。京都府警河原町署の副署長、池永清美が主人公。地道な捜査と、人情溢れる人柄で事件を解決に導く。'07〜'09まで3シリーズが放映された。

御池通 -Oikedori-

市役所前を激走。骨折後は後日4回分の走りシーンだけをまとめて撮影。これがキツかった！副

[DATA]
御池通北側
河原町西入ル
付近

今宮通 -Imamiyadori-

今宮通には違いありませんが、実は看板だけは小道具。よく見ると位置が低いのだ。狩

[DATA]
新大宮商店街と
今宮通の
交差付近

西大路通 -Nishiojidori-

アンテナは常に全開。ロケバスで移動中に紅葉がきれいと急遽撮影した、なにげない場所。副

[DATA]
北区の西大路通わら天神付近

半木の道 -Nakaraginomichi-

春には紅枝垂れ桜のトンネルになる並木道。鴨川は抜けがよく撮影名所でもあります。副

[DATA]
賀茂川東側
北大路〜北山
付近

河原町通 -Kawaramachidori-

こんな街中でも、ぱぱっと素早く撮影しちゃうこともありますね。高嶋君の後ろのビルは、現マルイ、元阪急。ホ

[DATA]
河原町通西側
四条上ル付近

鴨川 -Kamogawa-

狩矢が甘いものを持って捜査会議をする場所でもあります。このあたりまでくれば鴨川も緑豊か。副

[DATA]
鴨川荒神橋の北、
西側付近

---

03 **ホンボシ**

心理学者の天才捜査官。走らない船越もご覧あれ。

京都府警に新設された「特別捜査支援班」。心理学や犯罪プロファイリングという異なった4つの視点から事件を分析する、心理分析ミステリー。

出演：大塚寧々　桐山漣
安田美沙子　高嶋政宏　他

出演：萬田久子　田中美里
本田博太郎　的場浩司　他

新名所

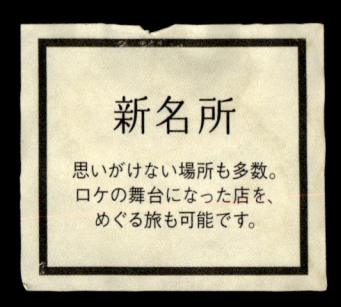

思いがけない場所も多数。
ロケの舞台になった店を、
めぐる旅も可能です。

走るシーンから何気ない日常シーンまで、ロケは街中で行うこともしばしば。監督やスタッフ達は、ロケ場所探しのアンテナを常に張ってくれています。船越にとっては、撮影場所との出合いも楽しみのひとつ。撮影をきっかけに知った穴場も多数あります。なかには撮影したのと同じ場所、僕が座ったその席で時間を過ごさせるカフェや料亭、公共施設などもあって、自分の目で確かめてもらうこともできるんです。今後もますます乞うご期待。

山中油店／綾綺殿
-Yamanakaaburaten/Ryokiden-

店舗はもちろん、資料館やカフェに使われる町家を所有する『山中油店』。ホンボシでは孝作の家や行きつけのカフェとして色々とお世話になりました。道から少し奥まった町家や、細い通りのカフェは共に静かで、車が通る音でのNGがほぼなかったのも素晴らしい！ ㊄

〔DATA〕山中油店 ☎075-841-8537 上京区下立売通智恵光院西入 MAP⑲
綾綺殿 ☎075-801-3125 上京区浄福寺下立売上ル MAP⑲

京都サスペンス案内

孝作の家は『上京歴史探訪館』に隣接する町家。カフェ『綾綺殿』では看板油のひとつ菜たね油で揚げた四万十ポークのとんかつなども味わえる。

京都府立総合資料館 -Kyoto Prefectural Library and Archives-

ドラマ上では京都府警や警察署は京都にいくつもあるんです。北山にあるこの総合資料館は副署長の河原町署、ホンボシの京都府警は某大学のキャンパスといった具合に。ちなみに河原町署、外側は総合資料館ですが、署内は撮影所のスタジオに造られた大規模なセットなんですよ。

[DATA]
左京区下鴨半木町1-4
☎075-723-4831　MAP㉓

風情や眺めまでもがご馳走。料理はもちろん、五感で感じる京料理が醍醐味です。料理は昼10,000円〜、夜25,000円〜。要予約。

京大和 -Kyoyamato-

船越もスタッフも思わず唸った、八坂の塔と京都タワーの間に夕日が沈む光景。それが老舗料亭『京大和』からの眺め。そんな新たなロケ場所を求め、京の町を東奔西走するスタッフのおかげで、船越の"京都満喫ドラマ"は作られていくんです。

[DATA] 東山区高台寺桝屋町359　☎075-525-1555　MAP④

とっておき京都 ❷
東映京都撮影所

Toei Studios Kyoto

撮影所エントランス

船越が京都に暮らすのは、この撮影所があるから。通い続けて24年。一般の人は入れない場所も今回は隅々までご案内。

恒例の熱い抱擁

特別に公開します。俳優・船越英一郎の原点ここにあり。

1926（大正15）年、阪東妻三郎が竹藪を切り開いて作った撮影所が『東映京都撮影所』の前身。以来、80年以上にわたり、日本のハリウッドとして数々の映画やドラマを作り出してきた歴史ある撮影所です。
「ここがあるから、今の船越がある。間違いありません。正月ドラマの撮影で、初めてやって来たのが27歳。さらに翌年からは『八百八町夢日記』のレギュラーが決まり、撮影所にどっぷり浸かる生活が始まりました。里見浩太朗さん、長門裕之さん、風間杜夫さんら大先輩達が英ちゃん英ちゃんと愛称で呼んでくださり、あっという間に撮影所全員が"英ちゃん"と呼ぶように

Eiichiro Funakoshi's Guide in KYOTO 048

Toei Studios Kyoto
サロン

出番待ちは
ここで休憩♪

Toei Studios Kyoto
楽屋

台詞覚えは
早いぜ

Toei Studios Kyoto
メイクルーム

兄やんとは実の兄弟
以上の仲よし

❶「心の故郷を隅々までご案内」

❷昭和26年にこの名称に。

❸元は役者だった演技事務の山下義明さん。「撮影所の顔」的存在で船越にとっては大恩人。

❹正門からは俳優会館が正面に。

❺名札が輝く控え室。

❻中はこんな様子。「台本を読んで過ごすことが多いね」。

❼本番直前に俳優さん達が待機。

❽メイクルームで、水戸黄門で格さん役の的場浩司さんに遭遇。

❾ヘアメイクのみどりちゃんと。

❿俳優さんの名前が記された、かつらがずらり。

なりました。厳しいと聞いていた撮影所でも、みなさんに可愛がっていただいた。この2年間が僕の俳優としての礎を作ってくれた大切な時間でした」

道場

Toei Studios KYOTO

ずいぶんキレイになったなぁ

衣裳室

用もないのにまた来たの？

撮影所の中で役者さん達がもっとも長い時間を過ごすのが俳優会館です。「船越の控え室は2階。最初はほの暗い相部屋からのスタートでした。いつかは燦燦と陽の降り注ぐ個室へ、と思いを馳せ、奮闘努力することと十余年。初めて足を踏み入れた時は、思わず落涙しました」。

4階には殺陣の基礎を習う道場があります。"剣会"の先生方に、刀の差し方から厳しくも優しく指導していただきました。感謝」。

❶「若い頃、徹底的に身体に叩き込んだから、自然と動くね」
❷ 道場では一意専心の心構えで。

Eiichiro Funakoshi's Guide in KYOTO 050

Toei Studios Kyoto スタジオ通路

「本番中は静かに」

「日替わりもうまいよ！」

Toei Studios Kyoto 食堂

❸ 事務所のスタッフさんとも気さくに話して盛り上がっています。まるで家族のような雰囲気。

❹ 衣装室のスタッフさん達と一緒に。半分が時代劇、もう半分が現代劇と分かれて、衣装がぎっしり。

❺ ひたすらアイロン掛け。地道な仕事に支えられています。

❻ 構内には15のスタジオがあります。「№18のスタジオがつい先日取り壊されました。『八百八町夢日記』や『江戸の用心棒』のセットから『副署長』の河原町署まで、何故かいつもレギュラーセットはここでした。撮影所とともに長年過ごしてきただけに、構内のどこにも思い出が。淋しくてたまらない船越です」。

❼❽❾ 「スタッフや俳優だけしか入れないのが残念だけど、日替わりもボリュームがあっていいよ。船越は、カレーとか、京風の蕎麦やうどんが多いね」

京都撮影所育ち、二人の京都考。

盟友・藤岡監督と **撮影ウラ話**

『狩矢警部』『その男、副署長』『ホンボシ』。
船越ドラマのすべてに携わる藤岡監督とは20年来の付き合い。
撮影所の魅力、京都撮影の醍醐味を熱く語ってもらいました。

「船越さんは演技者でありながら演出的な引き出しもある」

船越 お互いに出会った頃はまだ若かったけど、撮影所はその頃からの人が多いね。若手からスタートして同じように苦労して、悔しいって泣いて。ここまで残ってくると、戦友だよね。

藤岡 家族よりずっと過ごす時間も長いですからね。

船越 だから余計な言葉をすっ飛ばして、すぐ作品に取り組める。

藤岡 それが強みでしょう。ロケ場所が同じでも、打てば響く呼吸でワンパターンに陥らないのがすごい。

船越 チームワークで魅せる様々な街の表情を楽しめること。これも京都の力だね。さて次は街をどう切り取るか、構想はどう？

藤岡 フレームで切り取った時に絵になるところは、山ほどありますよ。狩矢警部10弾では高台寺近くの料亭を借りて撮影しましたが、庭園から八坂の塔と京都タワーが同居するアングルがあった。悠久の歴史と

「走っても走っても走っても、文句は言いませんよ。監督！」

現代、新旧で京都を代表する建物の間に夕日が落ちてくる。ぞくっとしましたよ。

船越 あれは驚きでしたね、こんな京都があったんだと。僕も撮影現場で楽しませてもらってるね。

藤岡 知られていない表情が京都にはたくさんあります。これからも期待してください、撮影所の力にも京都という街にも。

Profile
藤岡浩二郎監督
東映入社後助監督経験を経て、時代劇を含め様々なテレビドラマを監督。中でも狩矢警部シリーズは、雌伏の時代を共に過ごした船越との待望のコラボレート。

撮影所近く おすすめグルメ

役者やスタッフに愛される店々も。

正門すぐにある中華の『開花』(P92)や、狩矢警部も大好きな『ふたば菓舗 太秦庵』。大映通り商店街の中には種類もボリュームもたっぷりの洋食『アララ』や『うふふ』(P95)が。

① 太秦大映通り商店街ですよ

② Toei Studios Kyoto アララ
レトロな香り漂う大映通り。日替わりサービスランチ800円はポークステーキ＆カニクリームコロッケなどでお値打ち。

③ 初夏はキウイ 秋は栗になるよ　フレッシュ キウイ大福

④ 東映前 太秦

⑤ 太秦名物 豆大福　黒豆 うずらまめ つぶあん入り

Toei Studios Kyoto ふたば菓舗 太秦庵
定番の豆大福（130円）に加えて、季節のフルーツ大福も登場。水戸黄門の八兵衛もファン。

---

① アララ ☎075-872-55 45 右京区太秦多薮町14-53
営 9：00～21：00（モーニング～ 11：00、ランチ11：30～14：00、ディナー17：00～、20：00LO）休 木 MAP⑯

④⑤ ふたば菓舗 太秦庵 ☎075-861-3349 右京区太秦西蜂岡町9
営 8：00～19：00（土～16：00）休 日 MAP⑯

東映太秦映画村

Toei Studios Kyoto

撮影所の雰囲気を体験できるかな？ぜひお立ち寄りを。

撮影所に隣接するのが、時代劇のテーマパーク・東映太秦映画村です。江戸の街並みが再現されたパーク内。セットを見るだけでなく、迫力ある殺陣ショーや、時代劇の登場人物への変身体験、チャンバラ教室など、大人も楽しめる仕掛けが沢山です。

「時空を超えた時代劇の世界に遊ぶ楽しさを少しでも味わってもらえたら嬉しいね。船越は思わぬところで若かりし母に出会えました」。

撮影の雰囲気を思う存分味わって

① かちん太
　映画村の2代目キャラクター。名前の由来はカチンコから。
②⑤ 東映城大手門
　二条城の大手門がモデル。
③ 日本橋
　江戸の日本橋。撮影では模様替えをして別の橋になることも。

日本橋って結構急だなぁ～

昭和32年(1957年)

「久々に時代劇も演りたいな」

④ 中村座に飾られたポスター「日本初のワイドスクリーン映画『鳳城の花嫁』のヒロインは僕の母、長谷川裕見子なんですよ」

吉原通り
⑥ 朱の格子は江戸の遊郭・吉原の街並み。裏には銭形平次の家！

長屋
⑦ まるで江戸時代にタイムスリップしたような路地と長屋。

お土産
⑧ 村内には10ものお土産ショップが。「おすすめは雨に濡れると家紋が浮き出るサムライ刀ガサ」。

東映太秦映画村
京都撮影所のスタジオや、オープンセットでの撮影を見学することも可能です。☎075-064349 右京区太秦東蜂岡町10 営9:00〜17:00（3/1〜11/30、15〜9/15の土日祝は〜18:00）9:30〜16:00（12/1〜2/29）入村は30分前まで。休1/15〜1/17 入村料は大人2,200円。MAP⑯

Eiichiro Funakoshi's
Guide in KYOTO

stakeout...

第3章

船越が選び抜いた京都完全グルメガイド

現場100回 グルメ刑事事件簿

京都2泊3日 くいだおれ捜査！

気になる店があれば、自ら食べて確認する。脚を棒にして稼いだ、大事な大事なくいだおれコースとして、ここに2泊3日の食べ尽くしコースとして、発表する時がきました。自信満々の捜査報告です。

京都に来たなら一食残らず美味しいもの食べ尽くし。目一杯、お腹いっぱい満喫したいもの。くいだおれ捜査こそ、船越、得意中の得意。なにしろ半分はローカル京都人ですからね。まず外せないのは華やかな京料理か。建物の風情も楽しめる肉料理の老舗か。蕎麦好きの船越が愛する一枚や一杯も忘れてはならない。甘いものから帰りの新幹線で広げるお弁当……。がっつり食べて、京らしさも満喫できる、そんな欲張りコースが捜査の結果、導きだされました。もちろん合間には京都散策や買い物で意欲的に行動してください。次の食事を美味しくいただくためには、お腹も減らさなくちゃいけませんからね。以下、報告開始！

『味禅』にて、庭の見える座敷で蕎麦満喫。

1日目 START

1st day

船越、蕎麦とラーメンが好物。まずは街中の行きつけへご案内。東山をめぐって小腹が空いたら祇園でおやつを。夜は風格ある老舗で、すき焼。肉のうまさに開眼してください。

1日目 夜
口の中でとろける、すき焼は絶品。風情ある佇まいもいいんです。

● 三嶋亭
Mishimatei
☎ 075-221-0003

明治6年創業の老舗。熟成させた黒毛和牛のうま味がたまりません。肉、野菜、肉と順々に焼き上げてゆく、味の変化も楽しんで。

[DATA] 中京区寺町三条下ル 営11:30〜22:00 (LO21:00) 休水 特撰コース12,705円（写真は2人前）。昼4,505円〜。 MAP⑩

芸術的なサシ
香りも最高♪

1日目 昼
キリリ醤油がきいたツユでつるりと滑らかな九一蕎麦。

● 味禅
Ajizen
☎ 075-352-1051

石臼挽きの手打ち蕎麦は香ばしく焼いた薄揚げ、ピリリときく辛み大根との相性が抜群。

[DATA] 下京区新町通仏光寺下ル岩戸山町413 営11:30〜14:30(14:00LO)、17:30〜21:00(20:30LO) 休日、第3週 冷やしきつね、そば粥セット1,580円。 MAP⑬

そば粥も必食

1日目 おやつ
九条ネギたっぷりの庶民の味。具沢山のお好み焼きのルーツ。

● 壹錢洋食 祇園本店
Issenyoshoku
☎ 075-533-0001

[DATA] 東山区祇園町北側238 営11:00〜翌3:00（日祝10:30〜22:00) 休無 壹錢洋食630円。持ち帰りも可。 MAP⑨

豚骨鶏ガラの
スープがうまい!

2日目 START

2日目 朝

朝の散歩の後に食べたい、
端正な料理とお粥の朝食。

● 熊魚菴 たん熊北店
Yugyoan Tankumakitamise
☎ 075-256-7234

ダシのきいたあんをかけていただくお粥。造りや焼物までついてこの値段は驚きです。

[DATA] 中京区烏丸通丸太町西南角ホテルハーヴェスト京都B1F 営7:00〜9:30、11:30〜14:30、17:00〜22:00 (21:30LO) 休無 京の朝粥2,310円(税サ込)。 MAP01

白飯もあるぞ

麺にコシあり

Eiichiro Funakoshi's Guide in KYOTO 060

2nd day

お値打ちな朝粥で1日を始めたら、京都御苑や護王神社、梨木神社と散策を。お昼は船越定番のラーメン。甘いものも欠かさずに、夜は東山へと。気合いの京料理で締めくくり。

2日目 夜
東山・高台寺の料亭にて、風情も味も京ならではを堪能。

● 高台寺閑人
Kodaiji Kanjin
☎ 075-551-6011

もてなしの心が素晴らしい。一皿ごとのボリュームにも驚くはず。写真の八寸、鱧松茸の椀、焼物など料理はすべて夜11,550円から。

[DATA] 東山区高台寺北門西入ル鷲尾町505-1　営11:30〜13:30、17:00〜20:00　休日　要予約。昼8,400円（税サ込）。　MAP04

日本酒も進む味

蔵の個室あり

2日目 昼
真っ黒いスープに中太麺。ロケの昼ごはんの定番店。

● 新福菜館 府立医大前店
Shinpukusaikan
☎ 075-212-7698

京都を代表するラーメンのひとつ。真っ黒な見た目と違って、あっさりでもコクあり。毎日でもいけるね。真っ黒なやきめしも必食。

[DATA] 上京区中御霊町419　営11:00〜22:00　休無　中華そば（メンマ入）750円、やきめし500円。キムチ150円。昼は✕　MAP01

2日目 おやつ
近江米でコシしっかりもちもち。醤油風味が際立つ、ザ・みたらし。

● 古都香
Kotoka
☎ 075-712-1939

[DATA] 左京区田中下柳町17　営10:30〜18:00　休火、第2・4水曜、7月8月　みたらし団子とお茶400円。持ち帰りも可。　MAP03

3日目 おやつ

クリームたっぷりシュークリーム。
喫茶でも土産にもOKの6種類。

● 牛若丸
Ushiwakamaru
☎ 075-541-2200
[DATA] 東山区祇園町南側570-231 営11:00～19:30（土・日10:00～） 休無。丹波黒ごまのシュークリーム250円。MAP⑨

差し入れの定番

3日目 START

3rd day

2度目の朝ごはんは洋食。魅力的な朝食が街のあちこちにあるのも京都ならでは。嵐山への遠出や街歩きをした後はお茶漬けで締めくくり。帰りのお弁当で満腹間違いなしの3日間。

3日目 朝

老舗喫茶でモーニング。
甘くて濃い朝の一杯を。

● イノダコーヒ本店
Inoda Coffee
☎ 075-221-0507

地元でも愛される名店。おすすめはモーニングと、砂糖がたっぷりかかったフレンチトースト。二人で頼んでシェアもいいね。

[DATA] 中京区堺町通三条下ル道祐町140 営7:00～20:00 休無 京の朝食セット1,200円、フレンチトースト530円。MAP⑩

11時までに限定

Eiichiro Funakoshi's Guide in KYOTO 062

香るほうじ茶

| 3日目 お弁当 | 注文すれば作ってもらえる、裏技使って寿司折り弁当。 |

● いづ重
Iduju
☎ 075-561-0019

鯖寿司、押し寿司で知られる老舗。あれこれ食べたい時は、あらかじめ予算を伝えて相談を。メニューにない詰め合わせが嬉しい。

[DATA] 東山区祇園石段下 ⏰10:00～19:00 休水。写真の折りは2,000円、節分ほか注文できない日あり。MAP 09

鯖寿司マスト

何杯食べる？

| 3日目 昼 | ふっわふわの出しまきが絶品。じんわり美味な京ごはんで〆。|

● 丸太町 十二段家
Marutamachi Junidanya
☎ 075-211-5884

漬物盛り合わせと、出しまき、赤出しにおひつのごはん。1杯目は白ごはんのまま味わって欲しいね。きゃらぶきの佃煮もいい味。

[DATA] 中京区丸太町通烏丸西入 ⏰11:30～14:30、17:00～20:00 休水 お茶漬けコース1,050円。MAP 01

京都に来たら、これ食べなきゃ。
ジャンル別グルメセレクト

自他ともに認める食いしん坊の船越が、
ジャンルごとに選び抜いた29軒。
面目躍如まちがいなしの役者揃いです。

「越路」のカウンターで鱧の焼霜に舌鼓。

Japanese スタイル様々のご贔屓ばかり

完全グルメガイド
和食

| 01 |
Koshiji

越路
☎ 075-464-4060

ご主人とやりとり重ね旬の味を贅沢に楽しむ。割烹の醍醐味を存分に。

左・薄くそぎ切りにした鱧しゃぶは身の弾力を楽しみたい。3,000円。
右・通常とは逆に皮から包丁を入れる鱧焼霜は25年ほど前にご主人が考案したもの。1,500円〜1,700円。

春は筍、秋は松茸、冬は間人蟹やフグなど、四季折々の旬の味を。

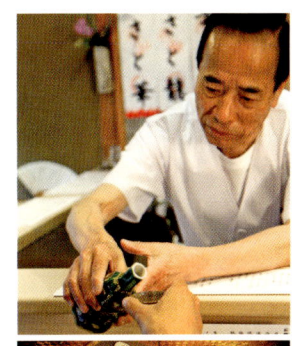

七軒の芸舞妓さんや西陣の旦那衆をはじめ、テレビ局や撮影所からも贔屓にされる割烹。船越は20代からのお付き合い。お世話になってます。京都の夏を代表する食材・鱧も、ご主人の高谷朋和さんの手にかかれば、皮から丁寧に包丁を入れて焼霜にするといった具合に、技が光る仕上がりになります。骨の感じがまったく舌にあたらず、すっと口で身がほどける鱧は、ここでしか味わえない。まさに匠の技。ご主人の手さばきに心躍るカウンター、床下に泳ぐ鯉を眺められる小上がり、そして座敷。ここでドラマの打ち合わせをすると、必ず評判がいい。すごくゲンのいい店でもあります。

📝 船越メモ
❶冬はかぶら蒸し、春夏秋は生湯葉蒸しが美味。
❷俳優や芸舞妓との遭遇率も高い。

{ DATA } 上京区今小路通御前西入ル紙屋川町1038 営17:00〜23:00 休月 要予約。昼は応相談。料理は一品の他、おまかせコース8,000円〜も。 MAP ⑰

完全グルメガイド
和食

| 02 |
Gion Owatari

祇園
大渡

☎ 075-551-5252

心にじんわりと響く正統派の日本料理。再訪必至の名店。

左・徳谷のトマト、じゅんさい、山芋の素麺。つるつると喉越しのいい一品。右・毛蟹と新生姜のひろうす、加茂茄子のお椀。料理はすべて7月のイメージ、11,000円のコースから。

上・焼き物はすべて炭火。ごはんは朱の色が鮮やかな土鍋で。

近頃京都で評判なのは、新進気鋭の若手料理人たち。その中の一軒が『大渡』。玄関から庭のある廊下をぐっと回って、ようやく席に着く。心憎い演出が気分を盛り上げてくれます。濡らしたお箸で出迎える茶懐石の心事を進めると、炭のいい香りが漂ってくる。古いものや現代作家のものを取り混ぜた器で季節を盛り込む。五感で楽しむという基本をきっちり押さえた日本料理が心地いいんです。茶道にも造詣の深い主・大渡真人さんが作るのは、シンプルな中に余韻のある料理。決して奇をてらわず、奥様、片目をつぶってください。きょうも飲みすぎます。

📝 **船越メモ**
❶ 端正な料理と、ご主人の明るいキャラクターのギャップもおもしろい。
❷ 食後の一服は、坪庭に腰かけて。

[DATA] 東山区祇園町南側570-262 🕓18:00〜21:30入店 ㊡不定 要予約。昼の営業は応相談。カウンター8席。料理は月替わりで11,000円〜。 ✉ MAP09

Gourmet Guide 和食

Eiichiro Funakoshi's Guide in KYOTO 066

英
船越
おすすめ！

むちっと歯に当たる蒸し鮑と胡麻豆腐。

完全グルメガイド
和食

| 03 |
Kangaan

閑臥庵

☎ 075-256-2480

目にも華やかで新鮮。黄檗宗とともに伝来した、普茶料理を禅寺にて。

茶料理は宇宙をあらわす五色の食材づかいと、大皿から取り分けるスタイルが独特の精進料理。禅寺・閑臥庵でいただけるのは庵主様の女性らしい感性をいかした華やかな料理の数々。見た目や味付けもバラエティに富んで、精進であることを忘れてしまいます。食後は身も心もすっきり。ドラマの撮影で

普おじゃました時、ライトアップされた境内やお庭も幽玄な美しさで印象的でした。夜もおすすめです。

船越メモ

❶夜、昼、それぞれに境内が美しい。
❷精進料理とは思えないボリュームに満足。
❸砂曼荼羅も必見。

[DATA] 北区烏丸通鞍馬口東入ル278
12:00～15:00、17:00～21:00　休無　前日までの要予約、2人～。　MAP02

上・豆腐と山芋と海苔で作られたうなぎもどきなど、もどき尽くし。
下・美しく手入れされた境内。砂曼荼羅はチベット密教の高僧が来日して描いたもの。

大皿も含め品数は13皿、普茶料理8,400円～。お昼のみ5,250円も。

Gourmet Guide 和食

完全グルメガイド
和食

| 04 |
Manzara Honten

☎ 075-253-1558

まんざら本店

京の食材をふんだんに、アレンジきかせた味わい。蔵で過ごす時間も魅力。

左上・すぐきと青じそが入ったあぶり鯖寿司1,800円。左下・右側の廊下の奥に見えるのが蔵。右・船越定番メニューがこれ。生麩田楽750円、京都牛の炙りウニ和え980円。

船越
おすすめ！

リクエストすればこんな季節感溢れる八寸も登場するんです、恐悦至極。

大正時代に建てられた町家をモダンに改装した町家ダイニングの先駆け。鰻の寝床の奥には蔵があって、そこが船越の定位置。様々なドラマの企画もここで話し合ったりしているんです。そのミーティングに欠かせない料理は、京野菜や京都牛など京の食材をふんだんに使った地産地消系。鯖寿司にすぐき漬けを合わせる京らしいアレンジも魅力なら、リーズナブルなお値段も魅力。正統派にひと捻りのさじ加減が絶妙。

船越メモ
① カウンターや個室もあり。でも船越は蔵で決まり！
② あぶり鯖寿司はお土産にも最適。
③ 日本酒は聚楽第。

[DATA] 中京区河原町通夷川上ル指物町321 ☎17:00～24:00 休無 月替わりのおまかせコースは5,000円～。 MAP 01

Specialty 一意専心の追求ぶりに舌鼓

完全グルメガイド
専門店

| 01 |
Kushimanma
☎075-222-8850

串まんま

庭や蔵を眺めながら、地産地消の食材を、シンプルな炭火焼で。

上・赤鶏と舞茸のポン酢和え500円も必ず頼む料理のひとつ。胸肉であっさりの一品。
下・庭の見える席から個室、カウンターまで、それぞれ趣は違います。

炭

火で焼き上げる鶏と、注文ごとに専用釜で炊き上げる銀しゃりがご自慢。付き出しは卓上の七輪で炙るキスやホタルイカなどの干物。炭の香りが鼻をくすぐり、早速一献欲しくなる。丹波産若鶏を使った焼鳥は大振りで食べごたえのあるサイズ。締めくくりの銀シャリは、粒が大きく甘みある京丹後のコシヒカリを使用。地産地消にこだわった素材を、手を加えすぎずに。多い時は週3で来たこともある超・行きつけ。

📝 船越メモ
❶ほかほかの銀シャリは卵かけごはんで。特製鶏味噌も抜群にうまい。
❷リーズナブルな値段も嬉しい。

[DATA] 中京区室町通丸太町下ル道場町4
☎17:00〜24:00(23:00LO) 休 火 つくねには卵黄が添えられてくる。 個 MAP❶

左・ねぎ身230円、つくね240円、皮120円、手羽先160円、もも220円。右・銀シャリは600円。

完全グルメガイド
専門店

| 02 |
Sakahoko

☎ 075-221-0845

逆鉾

相撲部屋直伝の、江戸の味を京で喰らう。これもまたオツなもの。

左・特製ミンチは器用に箸で丸めて鍋に入れてくれます。思わず見とれる箸さばき。右上・木屋町通、旧立誠小学校の向かいあたり。右下・個室はなくても、贔屓にする芸能人も多数。

ソップ鍋3,500円（写真は2人前）。
締めはうどん、餅各315円、
雑炊525円。具の追加注文もできます。

高橋英樹さんに連れてきてもらったのがきっかけで馴染みになった、京都では数少ないちゃんこ鍋専門店。井筒部屋直伝のちゃんこは、鶏ガラスープに醤油と砂糖で味付けした、シンプルなベースのソップ鍋。ニンニクたっぷりの鶏と豚のミンチをはじめとする具材のうま味が鍋中に行き渡ります。締めくくりは餅、うどん、雑炊をお好みで。船越は全ていただきます。うま味の出たスープを一滴残らず楽しむべし。

船越メモ
❶ 京都通の役者なら一度は訪れたことのある名店。
❷ ほかには魚やかしわの水炊き、アンコ鍋も。

{ DATA } 中京区木屋町通蛸薬師下ル樵木町203-5 営17:00〜23:00 (21:30LO) 休無 アンコ鍋3,500円。 MAP❿

専門店 | 03 | Oiwa

☎ 075-231-7667

大岩

サクサクからり。
ひと技ある串揚げを、
おまかせで満喫。

左・24種類のおまかせコース5,400円。右・蔵を改装した店構え。

【 DATA 】中京区木屋町通二条下ル東生洲町484-1 営17:00〜22:00（21:00LO）休水　串の内容は季節ごとに変更、月ごとの味も。おまかせコースは串24本に小鉢とキャベツ、果物付。MAP 01

船越メモ
❶セットのキャベツも特別に取り寄せたものを使用。
❷好きなところでストップできる。
❸蔵の風情もいい。

定番から旬の味までを織り交ぜて、次々と揚げたてが供される串揚げ。もち豚ならガーリックバターを包んで、蒸し鮑にはウニソースといった具合に、24本それぞれの味のバリエーションもユニーク。高嶋政宏君のご紹介。

専門店 | 04 | Bubuya

☎ 075-561-1745

ぶぶ家

気軽に手頃に、
軽めの昼にぴったり。
京漬物を食べ比べ。

右・おひつのお代わりは2回までできる、お茶漬け1,580円。

【 DATA 】東山区祇園石段下上ル 営11:00〜19:00（18:00LO）休水　お茶漬けの漬物はすべて隣接の『ぎをん川勝』で購入できる。ほかにちりめん山椒のじゃこ茶漬け1,580円も。MAP 09

船越メモ
❶漬物は梅酒やわさびなど隠し味がきいて個性的。
❷極ウマの鰻茶漬けも船越の懇願で復活！

野菜そのものの持ち味をいかした京漬物の『ぎをん川勝』。その味を知って欲しいと作られたお茶漬け店。定番から季節ものまで11種の漬物と、梅干しや昆布佃煮を盛り合わせ、おひつに入ったごはんとともに。食べすぎ必至。

完全グルメガイド
専門店

| 05 |
Robata Rin

☎ 075-252-2626

炉ばたりん

行きつけ中の行きつけ。週に一度は足を運ぶ、京都の"家庭の味"。

北海道直送の食材を中心に、備長炭で焼いて食べさせてくれる炉端焼き。とにかく魚がでかい。一人では食べきれない。おまけにリーズナブル。スタッフを連れて大勢で行くこともあれば、一人でふらっと行くことも。京の町家で豪快に魚を喰らうのも一興。絶対食べて欲しいのは、とろあじ、とろさばに、室蘭セロリ漬け。締めくくりは小からメガ盛りまで選べるいくら飯。船越に遭遇する確率もかなり高めです。

📝 **船越メモ**
❶「うちだ」の漬物なども揃う。
❷ 通うほどにサービスもアップする。
❸ 実は裏メニューだったとろさば。

[DATA] 中京区蛸薬師通室町西入北側
🕐 18:00〜24:00（23:30LO） 休 日　いくら飯700円〜。 MAP⓭

上・カウンターのほかテーブルや2階の座敷も。春は噴火湾産ほたて貝、初夏は時しらず、夏は蝦夷馬糞ウニ、秋は自家製いくら、冬はタラが旬の味。

🈁 船越おすすめ!

左・造り盛り合わせ2,000円。右・とろさば炭焼1,200円。30cmはあるボリューム。

Meat 京都人って実は肉好き、船越もね

完全グルメガイド
お肉

| 01 |
Nikudokoro Ota

☎ 075-212-9040

にく処 おおた

旨みを口一杯腹一杯に堪能できる、とっておき。役者仲間も大絶賛の味。

これぞ最上無二の味。鮮度のいい生モノはタレもいらないんです。

見てください！このミスジ。食べる前からうまいことが決定している逸品。テンションは急上昇。脂がのってるのに後味はあっさり。さっと炙ってレモンをつけて、ワサビと塩でいただきます。人気店が増えつつある御所南にある焼肉店は自らの"グルメセンサー"で見つけた隠れ家。実は向かいのお店に行くつもりで歩いていたら、匂いにつられて、ついつい暖簾をくぐった経緯あり。

鮮度が大事なホルモンは京都、お肉は産地にこだわらずで、お値打ちに食べさせてくれるから、役者仲間も次々とご案内。肉はもちろん、自家製キムチも昆布ベースの甘みで、リピート必至。

上・タレと卵黄で食べる生ハツ800円。
下・2階には御用達個室。

📝 船越メモ
❶ 生ハツにユッケと生モノも必食。
❷ その日のおすすめを聞くべし。
❸ 奥さんの美人ぶりにもご注目。

[DATA] 中京区夷川通麩野町西入木屋町489 営17:30〜23:00（22:00LO）休月（祝日の場合は営業、翌火休）個 MAP 01

Gourmet Guide お肉

Eiichiro Funakoshi's Guide in KYOTO 074

英
船越
おすすめ！

ミスジは驚きの安さの2,000円！ キムチ盛り合わせ700円。

完全グルメガイド お肉

| 02 |

Yakiniku
Kitayama

☎ 075-257-7744

焼肉北山 四条東洞院店

工夫に満ちたメニュー。薄焼やホルモンをポン酢で食すのが京流。

肉好きの船越が、他では出合ったことのない一品が上ミノ薄焼です。うすーくスライスしたミノをさっと炙って、おろしポン酢で食べる。胡麻油の香りがふわっと立ちのぼって、程よい歯ごたえ。2人前もペロリです。感涙必至の肉は、京都、近江、鹿児島の黒毛和牛から、その時ベストなものをセレクト。

アンデスの紅塩など3種の塩、2種のタレから好きな味を選ぶことができるのも、素材に自信があるからこそ。

🖉 船越メモ
❶ 上ミノ薄焼、船越のおすすめはまろやかポン酢で。
❷ 西京味噌を使った味噌ダレも深みがあって絶品。

上・路地奥にあるので見逃さないで。紫竹には本店、下鴨に支店あり。下・ミノポン780円。ポン酢につけたミノを、3〜4回付け焼きする。味しっかり、さっぱり。

[DATA] 中京区東洞院通錦小路下ル阪東屋町664-24 営17:00〜23:00 休無 タンニンニクねぎ焼1,360円も人気。MAP⓭

英 船越おすすめ！

左・上ミノ薄焼1,050円（写真は2人前）。右・カイノミはネギがその味を引き立てます。

Gourmet Guide お肉

| 03 |
Rakudaya

駱駝家

☎ 075-326-6001

直火で焼くオリジナル。香ばしい炭の香りでラムのうま味を知る。

右・野菜がまたうまい七輪炭焼ジンギスカンセット1,500円。

[DATA] 右京区西院北矢掛町31-6 佐井通綾小路西入ル北側　営17:00～翌1:00 (24:00LO)　休不定　写真の七輪炭焼ジンギスカンは2人前。ほかにもつ鍋など鍋メニューや一品料理も豊富。MAP⑭

📝 船越メモ
❶ 焼きすぎに注意。
❷ 甘みたっぷりのもやしもジンギスカンにお忘れなく。
❸ スペアリブなどラムの一品も美味。

炭の直火でラムを焼き上げて、その脂で野菜を焼く。オリジナルのジンギスカンが評判の炭焼きの店。オーストラリア産、肉用種のラムは香りがまろやかであっさり。メニューも豊富、さらに安いのも嬉しい。

| 04 |
Gyuho

牛宝

☎ 075-723-2424

焼き加減も絶妙な肉料理の名店。左京区まで遠征すべし。

左・刺しの入ったミスジのとろろゆっけ1,200円。甘い！

[DATA] 左京区一乗寺赤ノ宮町22-4　営18:00～23:00 (22:30LO)　休日　予約がベター。メニューに値段表記はないが、予算は10,000円～12,000円ほど。参鶏湯のチキンラーメンも人気。MAP⑧

📝 船越メモ
❶ セセリを使った肉味噌は、さらにニンニクチップを掛けて食べるべし。
❷ 真っ白な白センマイも必食。

仲間にも人気の一軒。付きだしの肉味噌と地野菜から始まって、生モノ、炭焼きとおまかせで、大将目利きの肉と野菜を堪能。カウンターだけの12席はいつもぎっしり。なかでもミスジのユッケは絶品です。

完全グルメガイド お肉

| 05 |
Yassan

☎ 075-541-9666

安参

京料理の技がいきる、生と煮込みの牛割烹。祇園町で愛される味。

左・暑い季節には山芋をテールスープでのばした冷たい一品が登場します。柚子の香りで爽やか。右・牛テールの煮込み。合わせ味噌を長年継ぎ足しながら炊き上げる名物のひとつ。

京料理の修業をしたご主人は2代目。奥には座敷もあります。

生、煮込み、焼き物の3つの食べ方で、牛肉を味わい尽くす老舗。席につけばツンゲ（タン）、ヘルツ（心臓）など5種類の生が一品ずつ運ばれてきます。続いてはこちらも5種類ある焼き物か、煮込み、テール、おでんと3種類の煮込みの中から好きなものを選んでいただくスタイル。ここに来る時は、お腹をぺこぺこに空かせて、まずは生のフルコース。九条ネギを山ほどかけて、からし醤油でいただくと、頬も落ちる。次は焼き物か煮込みか選ぶとこを、船越は両方。生の牛タンなら芯の部分だけ残して、ほとんどは落としてしまうという素材使いの贅沢ぶりが味の要です。

船越メモ
❶ 遅い時間になると売り切れる部位もあるので注意。
❷ カウンターの予約は無理だが待っても入る価値あり。

[DATA] 東山区祇園町北側347 営18:00～23:00
休日・祝 ひととおりで1人10,000円が目安。生が苦手なら焼き物と煮込みだけのオーダーも可能。 MAP 09

Gourmet Guide お肉

英
船越
おすすめ!

ヘレとレバーの生。ヘレには黄身を絡めていただく。

Noodle　昼は夏なら蕎麦、冬はラーメン

完全グルメガイド
蕎麦&ラーメン

| 01 |
Chikuyuan
Taroatsumori

☎075-256-2665

力強い黒い蕎麦を、すき焼きのような出汁に絡めて熱々で。

竹邑庵太郎敦盛

左・出汁の甘みは黒砂糖で。ネギの辛みと調和するコクがあります。右上・京都御苑のすぐ西。右下・座敷のほかテーブル席も。

あつもりそば一斤880円。冷たい追っかけ皿そばはとろろ入りの薬味で。

初めてなら迷うこと必至の路地の奥にある蕎麦店。殻ごと挽いた玄蕎麦に山芋と卵をまぜて打った蕎麦は、コシが強くてももちもち。下に熱湯を張ったせいろに載せられた蕎麦を、これでもかというほど入った九条ネギと生卵の薬味と熱い出汁に絡めて食べる、独特のスタイルです。ネギは辛くなくて風味がよく、卵を絡めると異なる食感が楽しめて、またよし。最後は蕎麦湯でつゆを仕立てて飲み干すべし。

📝 **船越メモ**
❶人んちに遊びに来たような不思議な空間で落ち着く。
❷最後に蕎麦湯で作るスープも濃厚で味わい深い。

{ DATA } 上京区楮木町通烏丸西入養安町242-12 ☎11:00〜15:00(14:30LO)、18:00〜21:00(月〜金) 休日・祝　乳幼児不可。MAP 01

Gourmet Guide　蕎麦&ラーメン

完全グルメガイド
蕎麦&ラーメン

| 02 |
Torusoba

☎ 075-213-1512

とおる蕎麦

行列の価値ある8席。滑らかな喉越しでコシある十割蕎麦。

右・ピリリと辛い大根のぶっかけ、おろしそば中900円。

[DATA] 中京区二条通東洞院東入ル松屋町35-1
営 11:00～15:00LO
休 水、第1木
ざるそば小600円、中800円、大1,000円。そばがき600円、そばがき入りぜんざい400円。MAP01

✎ 船越メモ
❶蕎麦を打ち、作る様子はまるで一連のショーを見るよう。会話をやめて、じっと見入るべし。

和

食の料理人だった上岡亭さんが蕎麦の美味しさに開眼。修業を重ねて出した、蕎麦だけのこぢんまりした一軒。十割ならではの立ち上る香りと、少し固めの麺の滑らかさがいい。辛い大根も蕎麦もたっぷりで満腹。

完全グルメガイド
蕎麦&ラーメン

| 03 |
Moyan

☎ 075-724-0077

もうやん

郊外のゆったり空間で、挽きたて手打ちのうま味ある細麺を。

左・石臼もり740円。ツユは寝かせたかえしを使ってまろやかに。

[DATA] 北区上賀茂桜井町 第二メゾンナカジマ1F
営 11:30～15:00、18:00～22:30 (22:00LO) 土・日11:30～22:30 (22:00LO)
休 水 (祝日は営業)
野菜かき揚げおろし1,160円。
MAP23

✎ 船越メモ
❶蕎麦から一品までとにかくメニューが多く飽きない。
❷ぶっかけの種類も豊富。野菜かき揚げおろしも美味。

副

署長シリーズ・河原町署のすぐ近く、撮影時には3日と空けず通ったこともあります。1割のつなぎで打つ、細く繊細な蕎麦。噛むごとにうま味がでてくるのが好み。気に入ったらとことんの船越なのでした。

完全グルメガイド 蕎麦&ラーメン

| 04 |
Daio Ramen

大王老麺 烏丸五条店

☎ 075-352-2929

進化しつづける老麺。穏やかなコクに、後味もすっきりの一杯。

豚と地鶏を煮出したスープ、独特の熟成法で仕上げた細麺、本醸造醤油と天然塩とスパイスの醤油タレ。方向性はそのままに、あくなき味の追求を怠らない。それを確かめたくて、つい足を運んでしまう船越です。

左・胡麻ダレの特製冷麺880円。右・特撰チャーシューメン880円。

{ DATA } 下京区烏丸通五条下ル大坂町404 営11:00〜翌2:00 休水 ラーメン580円が定番の味。特撰チャーシューメンは霜降りのチャーシューを使用。冷麺は5〜9月頃の夏季限定。昼は✕ MAP⓯

船越メモ
❶麺のかたさ、ネギの量、生ニンニクの有無が選べる。船越はかため、ネギふつう、生ニンニク大盛で注文。

完全グルメガイド 蕎麦&ラーメン

| 05 |
Tokashun

桃花春

☎ 075-465-3182

わざわざ行く価値あり、背脂醤油系のまろやか濃厚ラーメン。

今は亡き川谷拓三さんが「日本一うまいラーメン」と太鼓判を押した味。北海道産の麺専用小麦で打つ麺、国産豚、伏見・小山醸造の醤油。選び抜いた食材を、ご主人の腕でまとめあげ、まろやかに完成された一杯です。

左・焼きめし500円。右・チャーシューの量もすごいラーメン並600円。

{ DATA } 右京区鳴滝蓮池町12-6 営11:00〜15:30、18:00〜21:00(売り切れ次第終了) 休火、第3月 焼きめしセット900円、チャーシュー麺800円、キムチ200円。駐車場あり。MAP㉕

船越メモ
❶川谷さんが通った当時は中華料理店。05年に移転してラーメン店に。
❷パラパラで上品な焼きめしも必食。

Gourmet Guide 蕎麦&ラーメン

完全グルメガイド
蕎麦＆ラーメン

| 06 |
Tengu

てんぐ 常盤店

☎075-872-7223

力強いスープと、相性よしの細麺。病みつきになる旨さ。

スープを含んだ瞬間、ガツンと旨みに襲われる。その感じがたまらない。国内産の骨太豚骨と鶏骨を9時間煮出したスープと、昆布と椎茸ダシのブレンドに、背脂を浮かせたダブルスープ。麺はストレート細麺。厚めの豚バラを巻き上げた柔らかくとろけるチャーシュー。たっぷり添えた九条ネギは好きなだけというスタイル。船越の好物は醤油ラーメン。食べ進めるごとに効いてくる一味もたまらいアクセントなり。

船越メモ
❶ 船越考察、京都ラーメンの王道。
❷ コク深いスープが絶妙。
❸ 食べ放題の白飯。キムチもいい。

{ DATA } 右京区常盤北裏町1　⏰11:30〜翌2:00 (1:40LO)　休無　水ギョウザやショウロンポウなど点心メニューもあり。MAP ⑯

上・キムチラーメン730円。香り高い2種の唐辛子をブレンドして使用。見た目よりもまろやか。下・「お一人で大テーブルに座られた時は驚きました」

船越おすすめ！

てんぐラーメン（並）650円。醤油のほか塩や味噌も選べる。

とっておき京都 ❸
錦市場

京の台所・錦市場も大好きな場所
きょうの案内人は、長年の友人で
料理店オーナーの木下博史さん。
試食しながら、買い物しながら。
楽しい市場探訪、始まります。

テンション♪
案内頼んだよ

Profile
木下博史さん
京都に8店舗を展開する「まんざら」グループオーナー。西賀茂に店を構えた1軒目からの付き合いが今でも続く。

料理店を営む、目利きの友人に案内してもらう錦。

京都の台所・錦市場。「かつては料理人の聖域だった市場。木下君も若い頃は名店の先達が仕入れる様子を見ながら目利きの技を盗んだとか。現在では観光客にも門戸が開かれてすっかり観光名所の一つに」なった食の宝庫。イートインや気軽に食べ歩きできるものも増えてきました。
「今も錦で食材を仕入れる木下君と一緒なら心強い。美味な出会いに期待」

❶ 錦市場
四条通の一本北、東は寺町通から西の高倉通までの約400m。約120軒が軒を連ねます。
Ⓓ 中京区錦小路通寺町西入⇄高倉間。営業時間、定休日は各店舗で異なる。MAP ⑩

Eiichiro Funakoshi's Guide in KYOTO 084

どれも旨そうだ、選べない…

英ちゃん、これ食べてみ

② 畑野軒老舗
大正元年創業のおまんじゅう屋。4〜5月に並ぶのは味噌餡の柏餅。「味噌と餡の加減がいい」。
☎ 075-221-2268
中京区錦小路通高倉東入
営 10:00〜18:00 休 水

③ 井上佃煮店
明治時代から続く惣菜店には、約80種類のおばんざいが並びます。
☎ 075-221-4357
中京区錦小路通柳馬場西入中魚屋町485
営 9:00〜18:00 休 水、第1・3日

④ 山市商店
試食を勧められた干しホタルイカをパクッ。「日本酒が欲しいね」。扱うのは、若狭さかれいや棒だらなど魚の干物。夏ははも焼。

⑥「これうちの店でも出したいなあ」「ええなあ、そしたらいつでも食べられるやんか。頼んだで」
☎ 075-221-1446
中京区錦小路堺町東入
営 9:00〜18:00 休 日

> 船越おすすめの
> No.1は長いも！

京漬物／うちだ

❶「わさびがピリリときいた長いも。「シャリシャリ」という食感もよくて、一番のおすすめ」。525円。❷定番から季節ものまで80種類ほどがずらりと並ぶ店頭は圧巻。❸「打田さんの漬物はうちの店でも使わせてもらってます。色鮮やかな浅漬け中心」「いつも頼む漬物盛り合わせはここの味だったとは。美味です」❹店内には試食コーナーもあって、ほとんどの商品が試食可能。「伸びる手が止まらなくなります」。

☎ 075-221-5609
中京区錦小路通柳馬場西入
営 9：00～18：00 休 無

池鶴果実

❺錦市場唯一の果物専門店。果物の搾りたてジュースが人気。❻デコポン＆いちごとアボカド＆ナシ各400円をチョイス。「果物の優しい甘みがうまい」。

☎ 075-221-3368
中京区錦小路通柳馬場東入ル東魚屋町171
営 9：00～18：30 休 日
ジュースは15種ほど。

すごい歯やろ
これが鱧や！

どのだし巻きに
しようかな

三木鶏卵

⑦ だし巻き専門店、カウンターの上に並ぶ、つやつやの丸いもの。⑧ その正体は…「ほら、黄身餡が入ってるあんぱん。黄身好きの船越、僕は〝キミ〟が好き♡」。⑨ 小玉黄味あんぱん、5個入り400円。お土産にぴったり。⑩ だし巻はサイズもダシもさまざま。

D ☎075-221-1585
中京区錦小路通富小路西入ル東魚屋町182 営朝9:00〜18:00 休不定 だし巻380円〜

近新

⑪「鱧、夏は〝おとし〟、秋は松茸と一緒に〝鱧しゃぶ〟や〜」⑫「お世話になってる魚屋さん。うちだけじゃなくて老舗料亭さんでも評判は高いよ。近海物から珍味まで、目利きの職人さん達が見極めた魚介、品質にいつも満足させてもらってます」と木下さん。

D ☎075-221-0974
中京区錦小路通富小路西入東魚屋町184 営朝〜16:00（水・日・祝〜12:00） 休無

昼酒の
背徳感！

これ田楽でどや？
木下君頼むで！

津之喜酒舗
❶ 酒屋さんの前で量り売りのお酒に足が止まる二人。「くぅ～、沁みる。大吟醸も量り売りなのがええ感じや」。
☎ 075-221-2441
中京区錦小路通富小路東入東魚屋町194 営 10：00～18：00 休 第2水 大吟醸 "生" コップ630円。

京野菜 錦川政
❷ 四季折々の野菜、走りのものから揃って充実の品揃えです。❸ 身が詰まって、ずっしり重い加茂茄子は夏野菜の王様。御用達にする料理人も多数。
☎ 075-221-3773
中京区富小路通錦小路下ル大文字町597-1 営 8：00～17：30 休 水

京丹波
❺「栗そのものの素朴な甘み。木下君、たまらんわ、これ」
❻❼ ポン菓子の要領で加圧しながら大粒の栗の殻付に火を入れる焼ポン。「350g1,000円や で」

錦天満宮

新京極通
寺町通　　　　　　　　河原町駅(出口9)→
御幸町通
　　　　　有次▶
麩屋町通　　　　◀京丹波
　　　　　　　　　錦
　津之喜酒舗▶　　　　
富小路通　　　　京野菜　錦　川政
　　　　　近新▶　市
　　　　　三木鶏卵▶　場
柳馬場通　　　　◀池鶴果実
　　　　　　　　京漬物うちだ
　　　　　山市商店▶　井上佃煮店
堺町通
　　　　　畑野軒老舗▶
高倉通
　　　　　　　　　　烏丸駅(出口16)→

有次
⑧ 包丁・料理道具といえば、真っ先に思い浮かぶ名店。その場で名前を彫ってくれるサービスも。
⑨ 社長のトークに「銅のビアカップ、欲しいわ〜」。
⑩ 手前にずらり並ぶのは型抜き。

Ⓓ 中京区錦小路通麩屋町東入鍛冶屋町206
☎ 075-212-0989
営 10:00〜18:00
休 無

錦天満宮
⑪ 「東のどんつきには錦天満宮。後から両側のビルが建ったから、鳥居の端がビルの中にあるんやで」「大胆な発想やなぁ」
⑫ 錦散歩はここで終了。

Ⓓ 中京区新京極通四条上ル中之町537
☎ 075-231-5732
拝 8:00〜21:00

Ⓓ 中京区錦小路通御幸町西入ル
☎ 075-221-1091
営 9:00〜17:30
休 無

Yoshoku ジューシーなハンバーグに夢中です

完全グルメガイド
洋食

| 01 |
Tsurukame Japan

鶴亀JAPAN

☎ 075-241-4999

深夜まで思う存分、アレンジのきいた、食べごたえある洋食を。

左・中はモッツァレラ、外はエダムでカリカリとろりのダブルチーズオムレツ850円。右下・右から、オーナーの相澤さん、山下シェフ、バーテンダーの福島さんの3人が出迎えてくれる。

ジューシ〜ミンチカツ950円は切った瞬間、肉汁がじゅわっ。船越スペシャルは中にチーズ入り。

夜遅がけで、飲みたい面々もいれば、後からお腹をすかせたスタッフもいる。そんな時に、飲むのも食べるのも満足できて、すごぶる使い勝手がいい。しっかり練り込むことで肉汁が飛び出すハンバーグやミンチカツ、スイートチリソースを絡めて甘辛に仕上げた唐揚げなど、山下シェフが編み出す料理はお酒とも相性抜群。深夜にいけないと思いつつ今夜も暴飲暴食の船越です。

船越メモ
❶シェフは撮影所のメイクさんのお兄さん。アジアンテイストも得意。
❷カクテルの豊富さにも驚くぞ。

[DATA] 中京区河原町通蛸薬師一筋上ル東入北車屋町276-28 ⏰17:00〜翌1:00LO（金・土〜翌2:30LO）休火 MAP⑩

Gourmet Guide 洋食

完全グルメガイド 洋食

| 02 |
Kitchen Gon

☎ 075-801-7563

キッチン・ゴン

全5種類あるピネライスが看板の、地元で愛される洋食店。

左・ピネライス850円。右・3種盛りのBランチ1,250円。

撮影終わりのランチに立ち寄ることもしばしば。1970年の創業当時からの看板メニューは、チャーハンにトンカツをのせてカレーをかけたピネライス。船越の定番は、ランチプラス昔懐かしいスパゲティ。食い過ぎや。

船越メモ
① ランチは1日中オーダー可能。
② ヒレ肉のビフカツサンドは差し入れにいただきお気に入りに。

{DATA} 上京区下立売通大宮西入浮田町613 ☎11:00〜21:40LO 休無 河原町通丸太町下ルには御所東店も。スパゲティは2種類、各750円。全メニューテイクアウト可。MAP⑲

完全グルメガイド 洋食

| 03 |
Tokura

☎ 075-932-2526

とくら 桂本店

切った瞬間が驚き。肉汁が溢れるハンバーグ専門店。

左・ハンバーグとエビフライランチ150g1,124円。右・バリエーション豊富な味も。

しっかりこねた生地に肉汁を閉じ込めたハンバーグ。ナイフを入れた瞬間、溢れるというより流れ出る。材料の組み合わせ、こね具合、焼き加減、すべてのバランスが整った逸品。わざわざ遠出してでも食うべし。

船越メモ
① ハンバーグのメニューはシンプル。でもソースは豊富。赤ワイン風味、チーズ、和風etc…どれにしよう。

{DATA} 南区久世上久世町516-6 グランドール桂川畔1F ☎11:00〜15:00、17:00〜22:00（土・日・祝11:00〜22:00、21:30LO）休水 カルボナーラハンバーグ180g998円。MAP㉔

Chinese & Korean　小さな名店と呼びたいこだわりぶり

完全グルメガイド
中華＆韓国

| 01 |
Kaiho

☎ 075-881-9320

開花

撮影所から徒歩1分。
密かなこだわりぶりに驚く、
優しい味わいの京中華を。

左上・夏季限定の涼拌麺（冷麺）700円。左下・11年5月リニューアル。
右・炒麺（やきそば）700円。自家製麺を乾燥→蒸す→乾燥→
湯通し→焼くという手間ひま掛けて仕上げる。

卵と片栗粉の衣で
サクサクの炸小蝦（小海老の
天ぷら）600円。優しい
味の古老肉（酢豚）600円。

京都中華の名店で修業した初代が、その優しい味を受け継いで撮影所のほど近くに店を構えたのが40年前のこと。以来、鶏だけで丁寧にとったスープと、竹で踏んでコシをだした自家製麺を基本に、変わらない味を作り続ける。夏は冷麺、冬は辛いラーメン、それに焼き飯と、酢豚をシェアするのが船越の定番。どれをとっても撮影の合間にかき込んで食べるにはもったいない完成度です。

船越メモ
❶奥には製麺室があって製麺する。独特のコシが魅力。
❷スタッフルームでの打ち上げは『開花』の料理が定番。

[DATA] 右京区太秦西蜂岡町9-99　営11:00
～14:00、16:30～21:00（20:40LO）　休日・祝
麺セットのミニ丼ものは各250円。個 MAP⓰

完全グルメガイド 中華&韓国

| 02 |
Ichinofunairi

☎ 075-256-1271

一之船入

川縁の元お茶屋にて、端正な表情の創作中華。お値打ちランチもぜひ。

まずなんといっても、窓の外に高瀬川が流れる町家のロケーションがいい。かつて荷物を運ぶための運河として作られた高瀬川の、船溜所の名が一之船入です。その水辺に建つ料理店。いただけるのは医食同源がテーマの創作中華。無農薬栽培の京野菜をふんだんに使い、上品に仕上げられています。前菜からフカヒレ煮まで使われる金華ハムのスープは、澄みきっていて繊細。船越、この味のファンです。

上・二色のアスパラガスと大正海老の炒め。料理は共に夜8,500円のコースから。他にフカヒレ姿の醤油煮込みなど全8品。下・裏には高瀬川が流れる町家。

📝 船越メモ
❶芝海老のチリソースなど定番4品＋週替わり5品からメインを選べるランチは1,500円。これはお値打ち！

[DATA] 中京区河原町二条下ル一之船入町537-50　営11:30～14:00(13:30LO)、17:30～22:00(21:00LO)　休日(月祝日なら営業)　個 MAP 01

トリ貝など海の幸に金華ハムのスープをジュレ仕立てで。刻んだクコの実を散らして。

完全グルメガイド
中華&韓国

| 03 |
Kazeeda

女性シェフが作る
はんなり味の点心と
コラーゲン料理！

風枝

☎ 075-213-0250

ひとつひとつ手づくりさ れる点心とおばんざ い。野菜をふんだんに使った 体に優しい中華料理がいただ けます。点心はもちろん、近 頃は丹波地鶏のスープをベー スにしたコラーゲンメニュー が人気。冷やしラーメンのス ープはコラーゲンのおかげで ぷるぷる。温かいラーメンも もちろん同じスープで、すっ と澄んだ滋味深い味が、女性 に大人気。地鶏と豚バラのチ ャーシューの盛り合わせは船 越のイチ押しです。

船越メモ
❶女性一人でも入 りやすい雰囲気。
❷日替わり850円 などランチもお得。
❸おばんざいは正 統派の京の味。

{ DATA } 中京区蛸薬師通室町西入ル南側
エチカビル1F ☎11:30〜14:30(14:00LO)、
17:30〜23:00(22:30LO) 休月 個 MAP⓭

上・たっぷり野菜と
鶏もも肉のせいろ蒸し、
しそ生姜風味650円。
ズッキーニや筍など
季節野菜が8種ほど、
甘酸っぱいタレで。下・
カウンターのほかに座敷も。

船越
おすすめ！

左・餅米付き肉団子など点心七種盛り合わせ1,300円。右・地鶏つくね入り柚子塩ラーメン750円。

Gourmet Guide 中華&韓国

完全グルメガイド
中華&韓国

| 04 |
Ufufu

韓風食房
うふふ
☎ 075-882-0660

素材の力感じる、手間ひまかけた一皿。韓国版おふくろの味を。

英 船越おすすめ

左上・大映通り商店街の中、小さな看板が目印。右・皮付きのまま1時間ほど蒸して作るムシブタ980円は、臭みはまったくありません。岩塩、チャンジャ、食べるラー油と共に。

女将が作る、家庭の味をベースにしたヘルシーな韓国料理が看板。韓国は僕も奥さんも大大大好きで何度も旅していますが、ここの蒸し豚は現地に引けをとりません。皮と身の間のゼラチン質はぷりっ、身には豚のうま味が凝縮。松の実や胡麻、にんにくチップが入った自家製食べるラー油との相性も抜群。無農薬野菜を使ったサムゲタンで、次の日のつるつるお肌を手に入れろ！

もちもち食感のチャプチェ850円、女将のお姉さん手製キムチ450円、うふふ限定マッコリ600円。

船越メモ
❶ すきっと爽やかなマッコリも必飲。
❷ 野菜がたっぷりでまろやかなチャプチェはここでしか出合えない味。

[DATA] 右京区太秦堀ヶ内町30-50 ☎18:00〜24:00 休日 サムゲタン2,980円（2人前〜）。チーズケーキ350円も人気。個
MAP❶⓰

Bar　京らしく歴史ある空間にも酔う心地よさ

完全グルメガイド
BAR

| 01 |
Setsugekka

☎ 075-231-0070

雪月花

共に歩んできたバーは相手や気分によって、使い分ける4つの空間。

大正時代に建てられた近代建築。そのレトロモダンな空間の中、雪、月、花、そしてサロンとがらりと趣の異なる4つの部屋からなるバー。今はサロン2階のソファ席がお気に入り。若い頃は、幅広のカウンターのある花で、大人を気取り、カクテルをキメたものです。そんな思い出のバー。

カウンターがじっくりといい風合いに年を経てきたように、船越の顔にも年輪が刻まれたこの頃です。

船越メモ
❶ サロン2階は自分の居間にいるようにくつろげる。
❷ モヒートは年間500杯も出るという人気カクテル。

上・サロンではシガーも楽しめる。20種ほどがスタンバイ。下・晩秋、初秋と名付けられたフレッシュフルーツを使ったカクテル各1,400円。モヒートは1,200円。

{ DATA }　中京区三条通富小路北西角　SACRAビル1F B1F　営19:00～翌2:00　休月チャージ500円。個　MAP⑩

最近モヒートにはまってる船越です。ここのはコクがあるのにすっきりで美味。

完全グルメガイド
BAR

| 02 |
Sherry Club

☎ 075-525-2201

しぇりークラブ

"狩矢クラブ"とっておきまさに隠れ家、蔵の中のシェリーバー。

京都・石塀小路

左上・蔵好きの心くすぐるロケーション。左下・ハモのアヒージョ1,260円は仕上げにシェリーを使い爽やかに。右・シェリーは定番の45プラスαで50〜60種ほどが揃います。

手前から濃厚なオックスフォード1,970、すっきり系キンタ各945円。

仕事がはねた後、山村紅葉さんに連れてきてもらったのが最初。いかにも京都らしい路地・石塀小路にあるシェリーバー。初回には3種類をハーフで飲み比べ、好みを見つけるシステムです。その際役に立つのが、ランチョンマットがわりのチェックシート。カルテのように一人一人のシートを預かり、気に入ったものや飲んだものを次回の参考にする。船越のシート？ もちろん大切に保管されてますよ。

✎ 船越メモ
❶船越の好みはヘビーなドライ系。
❷種類によってはベネンシアというパフォーマンスもリクエストできる。

{ DATA } 東山区下河原町489-2 ☎17:00〜24:00（日15:00〜23:00）休月 チャージ525円。3種ハーフセット1,575円。MAP 04

Eiichiro Funakoshi's
Guide in KYOTO

to be continued...

第4章

パワースポットからお土産まで
京都の奥はまだまだ深い

ご利益確実!? 秘密のパワースポット

船越が身をもってご利益を実感。数多い京のパワースポットから、太鼓判を押せるものを紹介します。

ご利益 **縁結び**

願い成就のお亀石も！

野宮神社
Nonomiyajinja

斎宮が籠った清らかな場所にて、縁結びを願い心静かにお参りを。

1. 斎宮が描かれた絵馬で良縁を願う。
2. クヌギの木を皮を剥かずに使う黒木鳥居。日本最古の鳥居の様式。
3. 苔むした庭も美しい。
4. 天照大神を祀った本殿。

かつて天皇の代わりとして伊勢神宮に仕えた斎宮が、伊勢へと向かう前に籠って身を清めた場所。嵯峨野の清らかな地に建てられた野宮は、源氏物語の"賢木"の舞台にもなった聖地。竹林に囲まれた野宮じゅうたん苔と呼ばれる苔の庭も、清々しい。悪運悪縁を水に流す、清浄祓も一興。

[DATA] ☎075-871-1972 右京区嵯峨宮町1 拝9:00〜17:00 拝観料無料 縁結びおまもり1,000円、清浄祓300円。MAP⑳

Eiichiro Funakoshi's Guide in KYOTO 100

ご利益
足腰の健康

境内で"猪を探せ"

護王神社
Gooujinja

"イノシシ神社"の名で親しまれる、「効果を実感できた」健康神社。

❶門に輝く「足腰御守」の文字。❷手水舎にもイノシシ。❸願掛け串は2本組。1本は神社に、1本は家でお祀りする。❹おみくじも立体的なイノシシ。1体500円。

狛イノシシが置かれるようになったのは、明治になってからのこと。

[DATA] ☎075-441-5458　上京区烏丸通下長者町下ル桜鶴円町385　拝 6:00〜21:00　拝観料無料　願掛けの串1,000円。MAP 01

足腰の神様で、以前、腰を痛めた時にお参りして、見事大願成就。完治しました。奈良時代から平安にかけて活躍した、和気清麻呂公を祀った護王神社。清麻呂公が災難にあった際に、あらわれた300頭の猪が身を守ってくれた伝説から、狛犬ならぬ狛イノシシがシンボルとして飾られるようになったそう。

ご利益
縁切り&縁結び

安井金比羅宮
Yasuikonpiragu

悪縁を切って良縁を結ぶ。
ポジティブになるためのお参り。

❶これが縁切り縁結び碑。❷祇園町の一角。❸❹人々の想いが詰まった、おみくじや良縁を願う絵馬もぎっしり。境内には「金比羅絵馬館」も。

身代わりのお札、形代に願い事を書き、それを持って縁切り縁結び碑の、中央の穴を表から裏へとくぐって悪縁を切る。次に裏から表へと抜けて新たな良縁を結ぶ。最後に沢山の形代が貼られた碑に形代をくぐる向きを間違えないこと！　縁を結んでから切ったんじゃ、逆効果です。

縁とは人だけに非ず病や不運よ、さらば

{ DATA }　☎075-561-5127　東山区東大路松原上ル下弁天町70　拝自由　拝観料無料　縁切り縁結びセットのお守り800円。MAP 09

Eiichiro Funakoshi's Guide in KYOTO　102

ご利益
約束が叶う

撮影もよくやってるよ

車折神社
Kurumazakijinja

商売・恋愛・金運すべてにわたり、
約束を守ってくれるご加護あり。

❶清原頼業公を祀る本殿。❷境内にある芸能神社。❸人形は6月30日の大祓式で罪や穢れを落としてくれる分身。❹円錐形の立砂が印象的な清めの社。

あらゆる出来事の中で、「約束がきちんと守られるよう」に加護を与えてくれる神様です。また境内には隠れた天照大神を踊りで誘い出した天宇受売命（あめのうずめのみこと）が祀られた芸能神社もあって、芸能の神様と言われます。撮影前のお祓いや、境内を撮影に貸していただいたり。なにかと僕もお世話になっています。

祈念神石 700円。
願いが叶った後は、
お礼の石を納めて。

[DATA] ☎075-86
1-0039 右京区嵯
峨朝日町23 拝8:
30〜17:30（社務所
受付）拝観料無
料 MAP⑳

103 Eiichiro Funakoshi's Guide in KYOTO

ご利益
悩み解決

妙晃寺
Myokoji

講話を聞いて心穏やかに過ごし、
祈祷を受けて悩みごとを解決。

❶瓔珞(ようらく)がほどこされた天蓋。❷裏門と石畳。❸正門。❹宗祖日蓮大聖人開顕の十界勧請の大曼荼羅が本尊。日蓮大聖人の坐像と鬼子母神像も安置。

参拝できるのは決められた祈祷日のみ。住職の法力と説法で悩みは解消、心願成就。船越も無事に悩みから抜け出せました。安産から良縁、病気平癒、家内安全と多岐にわたってご利益があります。住宅街にひっそりと佇む寺院には京都をはじめ関西一円から訪ねる人が後を絶ちません。

ご利益もあるぞ

[DATA] ☎075-492-7634 北区西賀茂川上町44 拝 毎月9日間ほど決められた祈祷日のみ、12:00〜。祈祷料2,000円。MAP㉑

Eiichiro Funakoshi's Guide in KYOTO 104

ご利益　受験合格

息子も受かった！

善峯寺
Yoshiminedera

病気平癒から受験合格まで。
京都市街を一望にする山寺。

❶境内の山手に登れば本堂を眼下に見下ろすことができます。❷通称、落ちない御守り1,000円。❸桂昌院により再建された山門。❹起伏にとんだ境内。

お釈迦様の汗を拭って身体につけたところ、痛みが消えたことから、病気平癒のご加護で知られていたお寺。阪神大震災で途切れた高速道路から落ちなかったバスの運転手さんが、このお守りをつけていたことから、"落ちない"お守りとして受験守りになったそう。ご利益はうちの息子で実証済み。

300年前のお地蔵様。
自分以外の人の幸せを
願います。後ろは絶景。

[DATA] ☎075-331-0020　西京区大原野小塩町1372　拝8:00〜16:30(17:00閉門)　入山料500円。MAP㉒

105　Eiichiro Funakoshi's Guide in KYOTO

うまいもんと
お土産
コレクション

撮影現場では、差し入れをしたり
いただいたりの毎日。そこで
出合った逸品を厳選してご紹介。

Part_1
甘いもん

左党に見えて
実は甘党でもある船越。
土産探しに実力発揮。

『然花抄院』のパッケージは
何度見ても美しい。

スイーツ番長おすすめ
ふんわり可愛いケーキ。
レーブドゥドゥー
Rêve de deux

無類のスイーツ好き、的場浩司君
おすすめのケーキ店。船越が気に入ったのは、
卵の風味が感じられる
しっとりロールケーキとシュークリーム。

スフレ生地に
カスタード
と生クリームを
巻き込んだ
ドゥドゥーロール
1,200円。

[DATA] ☎075-223-0625　上京区河原町今出川上ル青龍町243-1　営10:00～20:00　休無　デコレートされたケーキも人気。MAP03

差し入れ前に味見しなくちゃ、とカフェで試食です。

風格のある町家にて、
「然」かすてらと和の甘味。
然花抄院 京都室町本店
Zenkashoin

もっちり食感の「然」かすてらが人気の
菓子店&和カフェ。卵の味が
濃厚で今までにない食感。パッケージも
センスがよくて、京土産の新定番に。

贅沢な空間使い
のカフェからは、
庭を眺めて
のんびりと。
奥にはギャラリー
もあり。

[DATA] ☎075-241-3300　中京区室町通二条下ル蛸薬師町271-1　営10:00～19:00　休月（祝日の場合は火）　カフェではパフェも。MAP01

「然」かすてら大1,575円。食べ切りサイズの小630円も。

① 「ヤオイソ」の
フルーツサンド
いちじく・栗

② 「クレーム デ ラ クレーム」の
京野菜シュー

1. 果物屋さんが作る溢れんばかりの果物が贅沢なフルーツサンド。船越的にはいちじく、秋の栗が絶品。定番のミックスも美味し。

{ DATA } ☎075-841-0353　下京区四条大宮東入ル立中町488　🕘9:00〜18:00（パーラー〜17:00）　休無　いちじく840円（6月〜10月末）、栗840円（10月〜12月末）　MAP⓬

2. 万願寺唐辛子や京とまとなど、季節替わりの京野菜と白味噌＆生麩の定番シュー。それぞれ素材の味がしっかりするんです。

{ DATA } ☎075-241-4547　中京区烏丸竹屋町少将井町225　🕘10:00〜20:00（日・祝〜18:00）　休火　各189円。春は壬生菜、秋は鹿ヶ谷かぼちゃ、冬は堀川ごぼうなど。　MAP❶

「グランマーブル」の
マーブルデニッシュ

❸

「出町ふたば」の
豆餅

❹

3. 厳選素材で作るマーブルデニッシュ。『祇園辻利』の抹茶、苺の京都三色などフレーバーも個性的。高級感ある箱もおもたせにいいね。

{ DATA } ☎075-257-6877　中京区三条通御幸町弁慶石町48 三条ありもとビル1Ｆ　営11:00〜20:00（カフェ〜18:30LO）休無　1斤1,050円。プレーンほか、全12種類。　MAP⑩

4. 京土産の定番中の定番。つきたて餅とあっさりの餡、塩のきいた赤エンドウ豆のバランスは絶妙。名物にうまいものあり、と。

{ DATA } ☎075-231-1658　上京区出町通今出川上ル青龍町236　営8:30〜17:30　休火、第4水　160円。春には花見団子に桜餅、秋は栗餅など四季折々の味が楽しめる。　MAP⓸

⑤「今西軒」の きなこの おはぎ

⑥「志津屋」のカルネ

甘くはないけど 美味いからオススメ！

5. 復活を遂げた明治創業のおはぎ屋さん。きなこのなかは、餅米に包まれたキレのいいこし餡。1つで2度おいしいから、これが一番。

[DATA] ☎075-351-5825　下京区烏丸五条西入ル一筋目下ル横諏訪町312　営9:30〜売り切れまで　休火、第1・3月　1個170円。おはぎはつぶ餡、こし餡など全部で3種類。　MAP⑮

6. 撮影所で用意される軽食No.1。ソフトなフランスパンにハムとオニオンでシンプルに。京都人の定番サンドのひとつ。

[DATA] ☎075-692-2452　下京区東塩小路高倉町8-3 JR京都駅八条西口　営7:00〜22:00（金土日祝は23:00）　休無　1個160円。他に祇園店、四条烏丸店など市内18店舗。　MAP⑪

Eiichiro Funakoshi's Guide in KYOTO

「まるき製パン所」のハムロール

> 甘くはないけど美味いからオススメ！

⑦

「塩芳軒」の聚楽と干菓子

⑧

7. 素朴なコッペパンサンドの種類が豊富な町のパン屋さん。一番人気はハムロール。ハムとキャベツだけなのに、なぜこんなにうまいんだ。

{ DATA } ☎075-821-9683　下京区松原通堀川西入　営6:30〜20:00（日・祝7:00〜14:00）休不定　1本150円。サラダロール200円、ハムエッグ200円なども。 MAP⓬

8. 焼き饅頭の聚楽は本店限定。わざわざ本店で手に入れるというのが、おもたせ上級者の証でしょう。口に滑らかな干菓子も豊富。

{ DATA } ☎075-441-0803　上京区黒門中立売上ル　営9:00〜18:00　休日・祝・第3水　聚楽157円、百とせ1箱798円。ほかに干菓子セット・千代タンス2,940円なども。 MAP⓭

Part_2 食卓の友

毎日の食卓にのせれば、
京都旅の余韻に浸れる、
名品揃いです。

京都一の傳の西京みそ漬

『本田味噌』の西京味噌をベースに、京都の調味料をブレンドした味噌床に漬け込んだ"蔵みそ漬"。脂のノリが程よく上品。一押しは銀だら。

[DATA] ☎075-254-4070　中京区柳馬場通錦上十文字町435　営10:00～18:00（食事は11:00～14:30）　休水　銀だら1切580円、金目鯛1切500円、さわら1切480円。詰め合わせ2,200円～　MAP⑩

佐々木酒造の古都、聚楽第

佐々木蔵之介君のご実家で、街中では唯一の造り酒屋。『ホンボシ』ではロケもさせてもらいました。

[DATA] ☎075-841-8106　上京区日暮通椹木町下ル北伊勢屋町727　営10:00～17:00　休日・祝　古都・純米吟醸720ml 1,365円、聚楽第・純米大吟醸720ml 3,150円。　MAP⑲

澤井醤油のにんにく醤油、さしみ醤油

醤油の老舗と『京都ブライトンホテル』の『鉄板焼 燔』がコラボ。控えめなニンニクの風味が絶妙。西陣織ラベルの醤油はお土産仕様。

[DATA] ☎075-441-2204　上京区中長者町新町西入仲之町292　営9:00～17:00日祝10:30～15:30　休不定　にんにく醤油100ml 500円、西陣織ラベルさしみ醤油100ml 750円。　MAP⓪①

はれまのチリメン山椒

その日作った分だけを売り切るチリメン山椒。小振りのじゃこに、醤油をきりりときかせて。酒の肴にもなる一子相伝の大人味。

[DATA] ☎075-561-4623　東山区宮川筋6丁目357　営10:00〜18:00　休日・祝　1箱72g 1,050円。祇園店や高台寺店、京都髙島屋店も。MAP06

原了郭の黒七味

唐辛子、山椒、けしの実、麻の実、青のり、白胡麻、黒胡麻の7味を、一子相伝の技で手で揉み込んで作る独特の七味。我が家でも常備してる名品。

[DATA] ☎075-561-2732　東山区祇園町北側267　営10:00〜18:00　休木　八角筒7g 840円。使い切りパックの豆袋35袋525円も便利。MAP09

こと路の紀州特選大粒梅

大粒のまろやか梅干し。ホテルで見かけて食べてみたら、これがうまい！　早速お店を訪ねて行ったほど。それ以来、船越家の定番です。

[DATA] ☎075-432-9283　上京区出水通室町西入ル近衛町46-3　営10:00〜19:00　休正月　1個210円。ちりめん山椒630円〜も。MAP01

山中油店の玉締めしぼり胡麻油、オリーブオイル

レモンオリーブオイルはサラダに、オレンジオリーブオイルはパンにつけるのがおすすめ。

[DATA] ☎075-841-8537　上京区下立売智恵光院西入508　営8:30〜17:00　休日・祝、第2・4土　胡麻油450g 1,050円、ゼフィーロ250ml 1,995円、レモンオリーブオイル・オレンジオリーブオイル各250ml 2,415円。MAP19

Part_3 お土産

船越、長年の愛用品もあり。
もらってもあげても嬉しい、
気軽なものを揃えました。

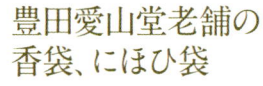

豊田愛山堂老舗の香袋、にほひ袋

飾るタイプの香袋は若い頃よく買っていたよ。香りが抜けても飾りとして可愛らしいし。

{ DATA } ☎075-551-2221 東山区祇園町北側277 営9:30～18:30 休水 沙羅2,205円、椿4,725円、紙ふうせん1,050円。控えめなデザインが特徴。MAP⓿

嵩山堂はし本のポチ袋

ありがとうのポチ袋はいつも手許にあって、『ゴチ』で借りたお金を返す時にも使っていました。

{ DATA } ☎075-223-0347 中京区六角通麩屋町東入ル 営10:00～18:00 休無 左&右・ポチ袋5枚入各630円 中央・金封5枚入840円。MAP❿

丸山人形のお福人形

小さいものから大きなものへ順に揃えていくたびに福がくると言われるお人形。船越は6つめを買ったとたん、結婚。

{ DATA } ☎075-561-7695 東山区清水3-338 営10:00～17:00 休不定 右から3,000円、2,300円、950円。MAP❹

一澤信三郎帆布の手提げ

実は自他共に認める手塚治虫フリーク。漫画は火の鳥、グッズはアトム。帆布かばんの有名店とのコラボ商品。迷彩柄のアトム、見つけられるかな？

{ DATA } ☎075-541-0436 東山区東大路通古門前北 知恩院前バス停北へ西側 営9:00～18:00 休火 8,400円。MAP❺

昇苑
くみひもの正絹
ストラップ

シックな柄と滑らかな手触りが心地いい。

{ DATA } ☎075-253-3106（クラフト京あそび）中京区御池寺町東入下本能寺前ゼスト御池内 営10:30～20:00 休不定 各1,260円。宇治で買うなら宇治市宇治妙楽146 ☎0774-23-5510 MAP⑩

象の千社札

長年愛用している千社札は、家紋入りで光沢がある、ちょっと珍しいタイプ。ドラマや映画の脚本に貼ることが船越の役作りの始まり。

{ DATA } 河原町本店 ☎0120-181-155 中京区河原町通四条上ル東側 営11:00～20:00 休不定 大28枚1,050円～、小32枚1,050円～。色や書体を選べバリエーション豊富。MAP⑩

鈴木松風堂の
パスタケース、
シュガーポット

「然花抄院」（P107）のおしゃれなパッケージはここで作ったもの。パスタケースはワインなどを入れて贈っても素敵ですよ。

{ DATA } ☎075-231-5003 中京区柳馬場六角下ル井筒屋町409 営10:00～19:00 休不定 パスタケース、シュガーポット各1,050円。MAP⑩

舞扇堂の扇子

和紙と絹を張り合わせた扇子はしなりが違うから、風の力が違う。ここは名前も彫ってくれるのが嬉しい。お土産にするなら袋付きもおすすめ。

{ DATA } 祇園店 ☎075-532-2002 東山区祇園町南側579 営10:00～20:00 休不定 プリマベーラ（袋付き）5,250円、和紙雲竜8,400円、扇子袋1,050円、名入れ525円。MAP⑨

船越Ⓔ KYOTO MAP

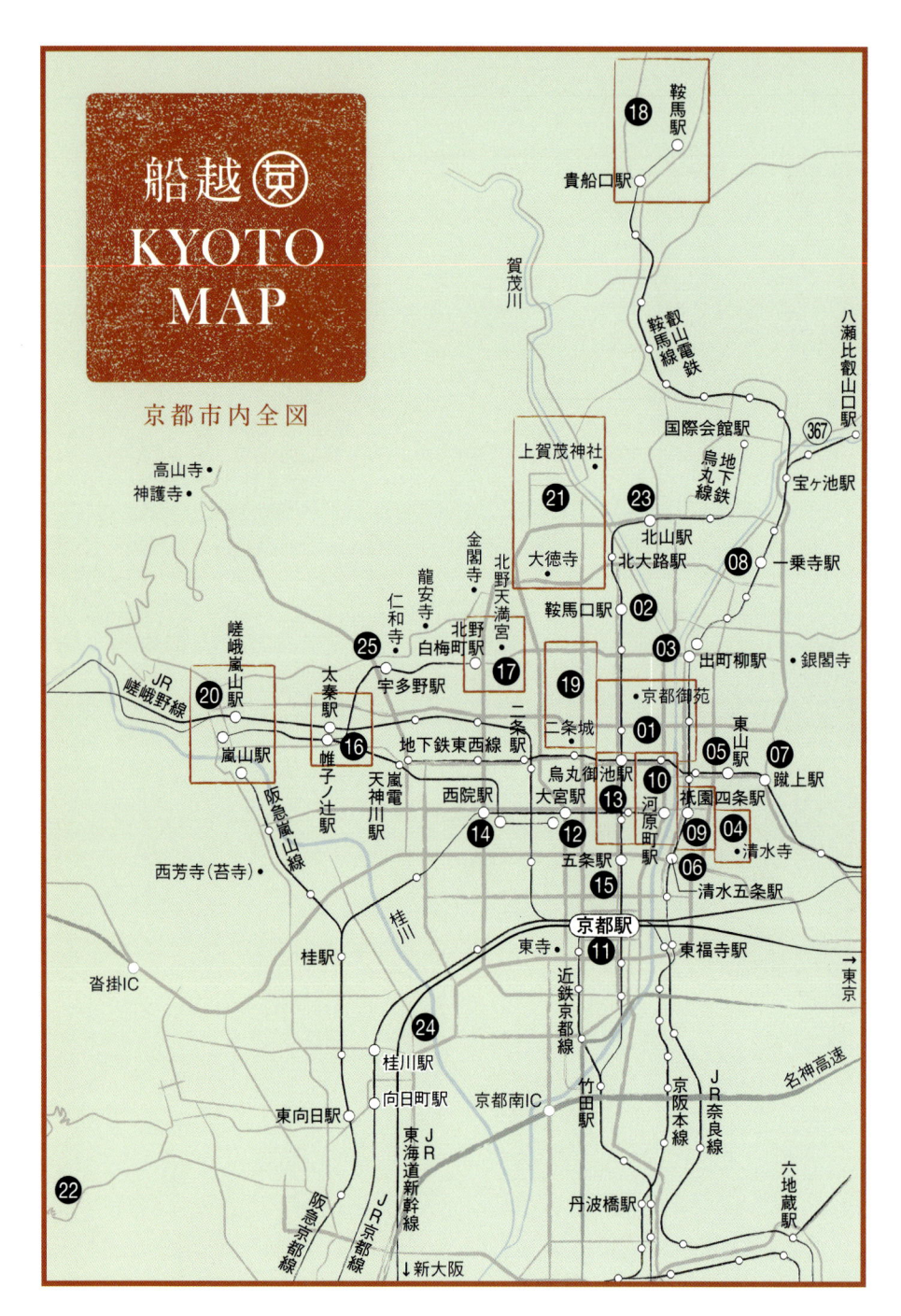

京都市内全図

01 京都御苑

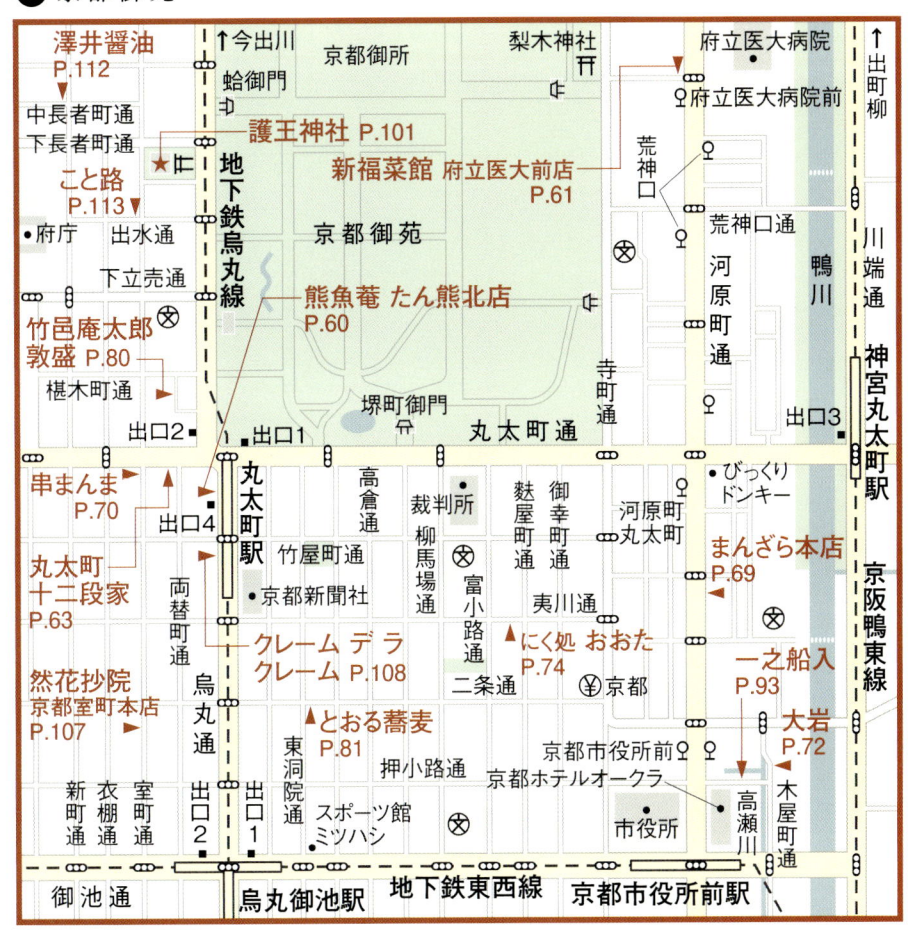

- 澤井醤油 P.112
- こと路 P.113
- 護王神社 P.101
- 新福菜館 府立医大前店 P.61
- 熊魚菴 たん熊北店 P.60
- 竹邑庵太郎敦盛 P.80
- 串まんま P.70
- 丸太町十二段家 P.63
- 然花抄院 京都室町本店 P.107
- クレーム デ クレーム P.108
- とおる蕎麦 P.81
- にく処 おおた P.74
- まんざら本店 P.69
- 一之船入 P.93
- 大岩 P.72

02 烏丸鞍馬口

- 閑臥庵 P.68

03 出町柳

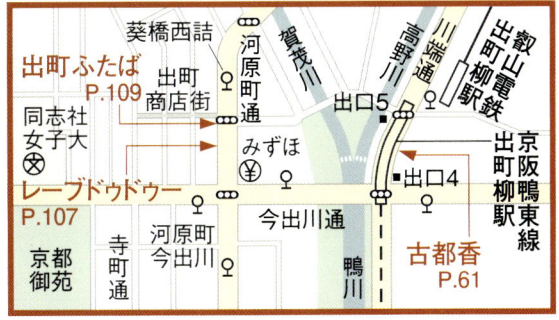

- 出町ふたば P.109
- レーブドゥウー P.107
- 古都香 P.61

❹ 八坂〜清水

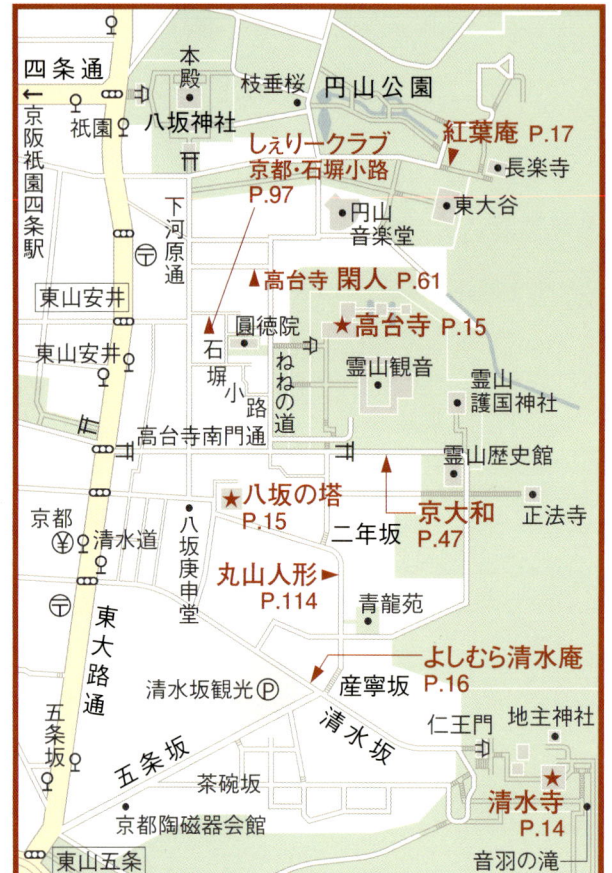

- 四条通
- 京阪祇園四条駅
- 本殿
- 祇園
- 八坂神社
- 枝垂桜
- 円山公園
- 紅葉庵 P.17
- 長楽寺
- しぇりークラブ 京都・石塀小路 P.97
- 下河原通
- 円山音楽堂
- 東大谷
- 東山安井
- 東山安井
- 圓徳院
- 石塀小路
- ねねの道
- 高台寺 閑人 P.61
- ★高台寺 P.15
- 霊山観音
- 霊山護国神社
- 霊山歴史館
- 高台寺南門通
- ★八坂の塔 P.15
- 二年坂
- 京大和 P.47
- 正法寺
- 京都
- ₹清水道
- 八坂庚申堂
- 丸山人形 P.114
- 青龍苑
- 東大路通
- 清水坂観光P
- 産寧坂
- よしむら清水庵 P.16
- 仁王門
- 地主神社
- 清水坂
- ★清水寺 P.14
- 五条坂
- 茶碗坂
- 京都陶磁器会館
- 音羽の滝
- 東山五条
- 西大谷

❺ 東山三条

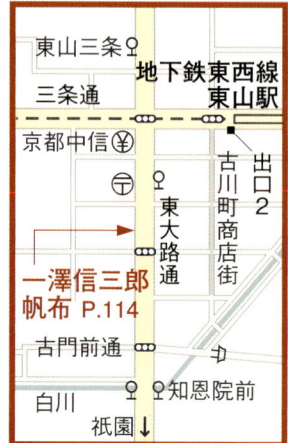

- 東山三条
- 三条通
- 地下鉄東西線 東山駅
- 京都中信㈶
- 出口2
- 古川町商店街
- 東大路通
- 一澤信三郎帆布 P.114
- 古門前通
- 白川
- 祇園
- ㊙知恩院前

❻ 五条大橋

- 祇園四条
- 河原町松原
- 松原通
- 鴨川
- 河原町通
- 木屋町通
- 川端通
- 高瀬川
- はれま P.113
- 京阪本線清水五条駅
- 出口4
- 五条大橋
- 五条通

❼ 南禅寺

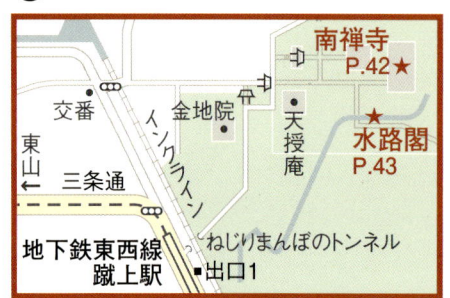

- 南禅寺 P.42 ★
- 交番
- 金地院
- 天授庵
- ★水路閣 P.43
- 東山
- インクライン
- 三条通
- ねじりまんぽのトンネル
- 地下鉄東西線 蹴上駅
- ■出口1

❽ 一乗寺

- 曼殊院道
- 一乗寺駅
- 高野川
- 賀茂波爾神社
- 川端通
- 東大路通
- 恵文社
- ローソンストア100
- ★牛宝 P.77
- 高野
- イズミヤ
- 疏水
- 北大路通
- 叡山電鉄叡山本線
- 出町柳

Eiichiro Funakoshi's Guide in KYOTO

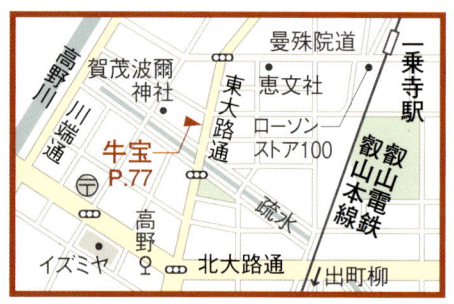

09 祇園

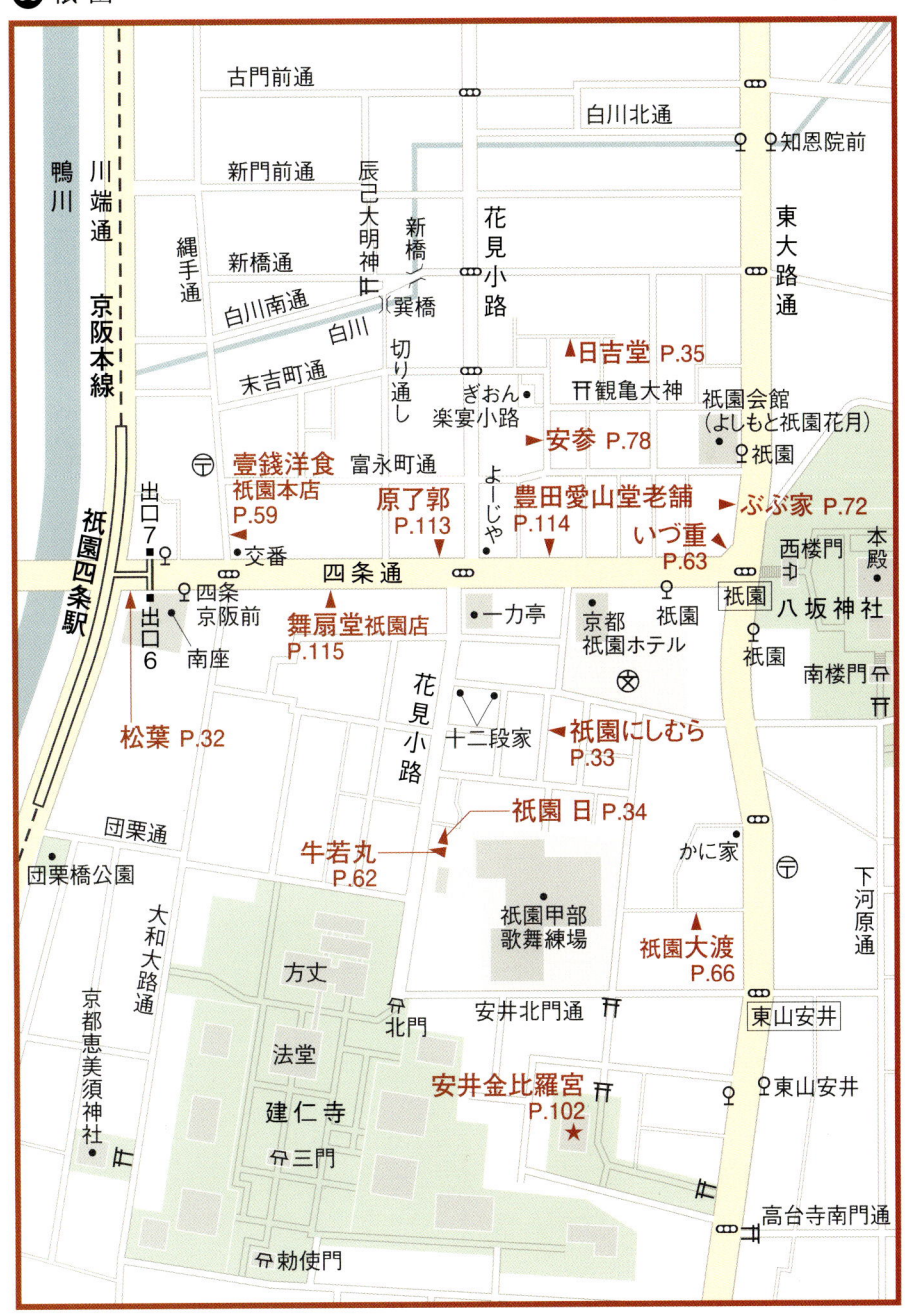

街道・通り:
- 古門前通
- 新門前通
- 白川北通
- 縄手通
- 新橋通
- 白川南通
- 辰巳大明神
- 新橋
- 巽橋
- 花見小路
- 川端通
- 鴨川
- 京阪本線
- 白川
- 切り通し
- 末吉町通
- 富永町通
- 四条通
- 団栗通
- 大和大路通
- 東大路通
- 下河原通
- 安井北門通
- 高台寺南門通

店舗・施設:
- 知恩院前
- 観亀大神
- 祇園会館（よしもと祇園花月）
- ぎおん楽宴小路
- よーじや
- 日吉堂 P.35
- 安参 P.78
- 壹錢洋食 祇園本店 P.59
- 原了郭 P.113
- 豊田愛山堂老舗 P.114
- いづ重 P.63
- ぶぶ家 P.72
- 交番
- 四条京阪前
- 南座
- 舞扇堂祇園店 P.115
- 一力亭
- 京都祇園ホテル
- 祇園
- 八坂神社
- 本殿
- 西楼門
- 南楼門
- 松葉 P.32
- 十二段家
- 祇園にしむら P.33
- 祇園 日 P.34
- 牛若丸 P.62
- かに家
- 祇園甲部歌舞練場
- 祇園大渡 P.66
- 東山安井
- 団栗橋公園
- 京都恵美須神社
- 建仁寺
- 方丈
- 法堂
- 三門
- 北門
- 勅使門
- 安井金比羅宮 P.102
- 祇園四条駅
- 出口7
- 出口6

❿ 四条河原町

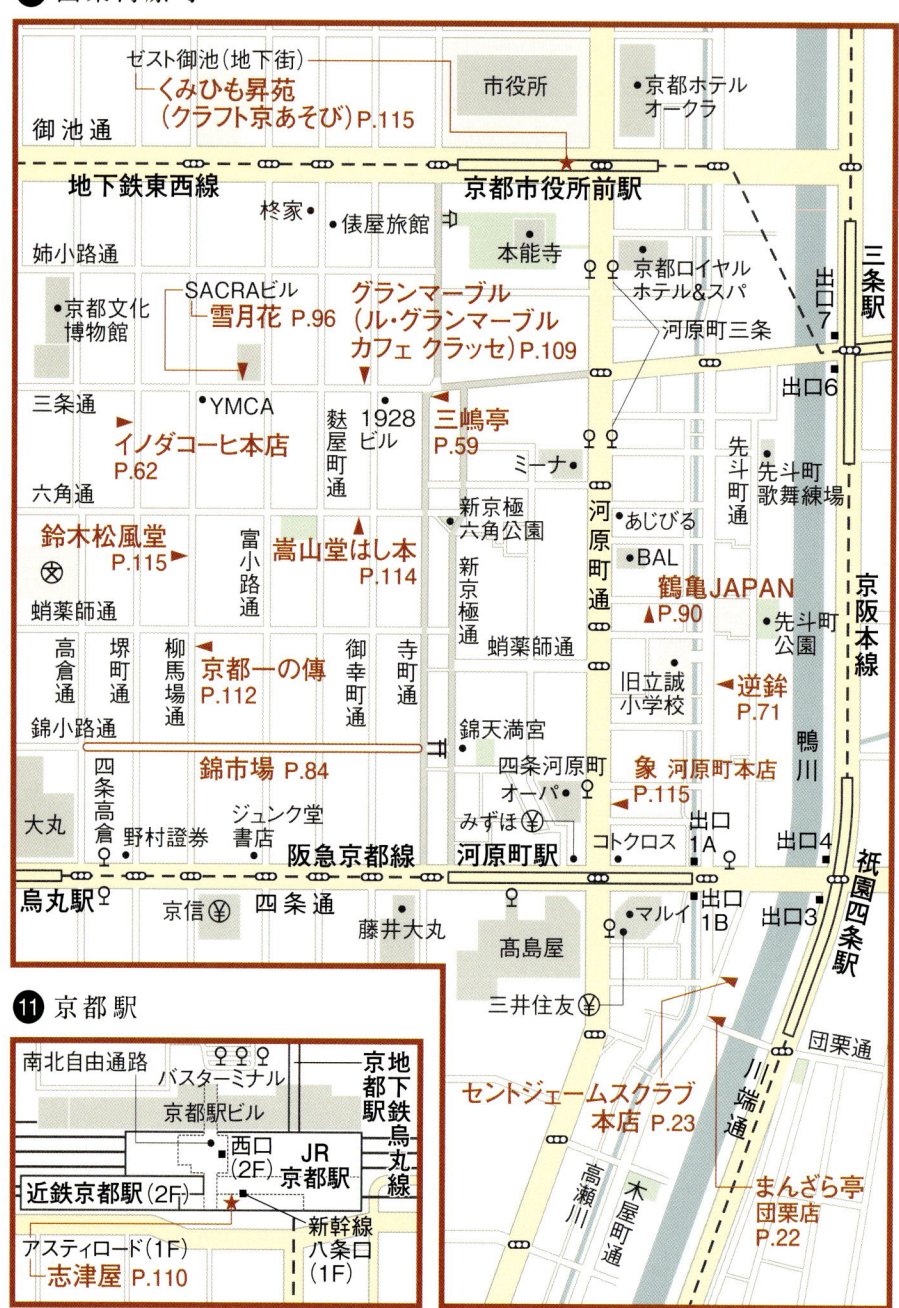

- ゼスト御池（地下街）
- くみひも昇苑（クラフト京あそび）P.115
- 市役所
- 京都ホテルオークラ
- 御池通
- 地下鉄東西線
- 京都市役所前駅
- 柊家
- 俵屋旅館
- 本能寺
- 京都ロイヤルホテル&スパ
- 姉小路通
- 三条駅
- 出口7
- SACRAビル
- 雪月花 P.96
- グランマーブル（ル・グランマーブルカフェ クラッセ）P.109
- 河原町三条
- 出口6
- 京都文化博物館
- 三条通
- YMCA
- 麩屋町通
- 1928ビル
- 三嶋亭 P.59
- ミーナ
- 先斗町
- 先斗町歌舞練場
- イノダコーヒ本店 P.62
- 六角通
- 新京極六角公園
- 河原町通
- あじびる
- BAL
- 鈴木松風堂 P.115
- 富小路通
- 嵩山堂はし本 P.114
- 新京極通
- 鶴亀JAPAN ▲ P.90
- 先斗町公園
- 蛸薬師通
- 蛸薬師通
- 京阪本線
- 高倉通
- 堺町通
- 柳馬場通
- 京都一の傳 P.112
- 御幸町通
- 寺町通
- 錦天満宮
- 旧立誠小学校
- 逆鉾 P.71
- 錦小路通
- 錦市場 P.84
- 四条河原町オーパ
- 象 河原町本店 P.115
- 鴨川
- 大丸
- 四条高倉
- 野村證券
- ジュンク堂書店
- 阪急京都線
- みずほ🏦
- コトクロス
- 出口1A
- 出口4
- 河原町駅
- 烏丸駅
- 京信🏦
- 四条通
- 藤井大丸
- 髙島屋
- マルイ
- 出口1B
- 出口3
- 祇園四条駅
- 三井住友🏦
- 団栗通

⓫ 京都 駅

- 南北自由通路
- バスターミナル
- 京都駅ビル
- 京都駅
- 地下鉄烏丸線
- 西口(2F)
- JR京都駅
- 近鉄京都駅(2F)
- セントジェームスクラブ本店 P.23
- 高瀬川
- 木屋町通
- 川端通
- まんざら亭団栗店 P.22
- アスティロード(1F)
- 志津屋 P.110
- 新幹線八条口(1F)

⑫ 四条大宮

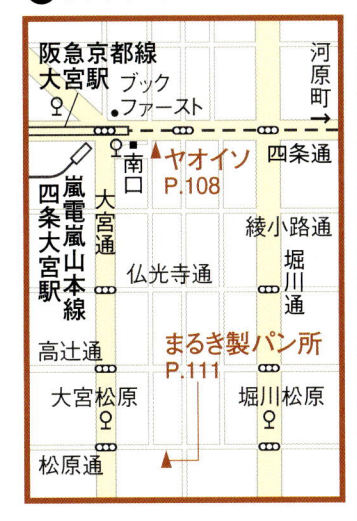

- ヤオイソ P.108
- まるき製パン所 P.111

⑬ 四条烏丸

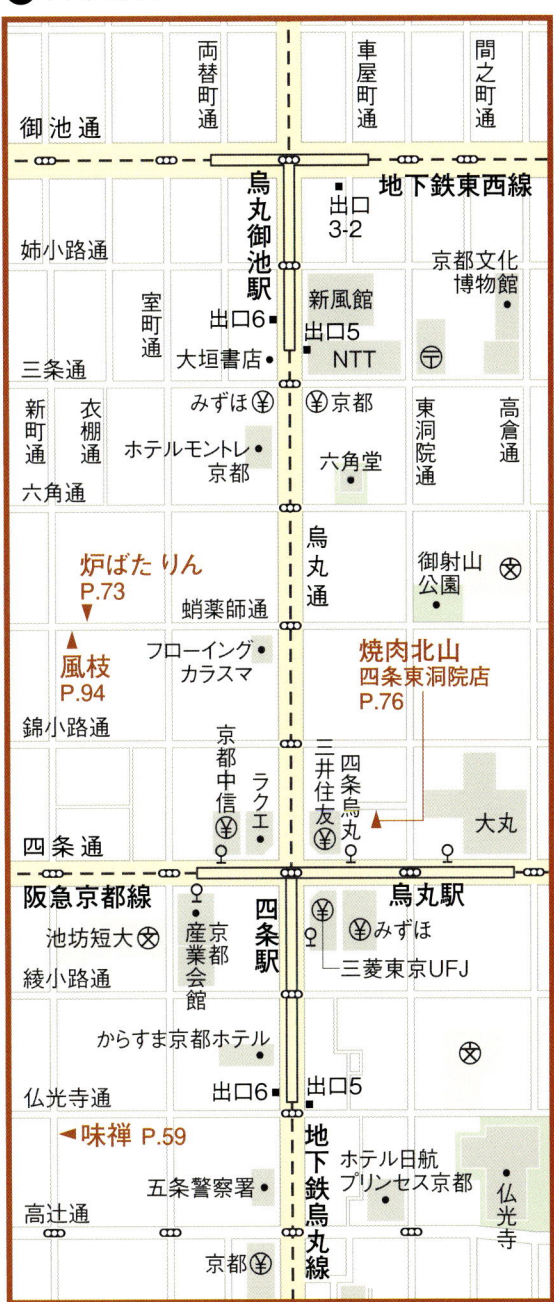

- 炉ばたりん P.73
- 風枝 P.94
- 焼肉北山 四条東洞院店 P.76
- 味禅 P.59

⑭ 西院

- 駱駝家 P.77

⑮ 烏丸五条

- 今西軒 P.110
- 大王老麺 烏丸五条店 P.82

⑯ 太秦

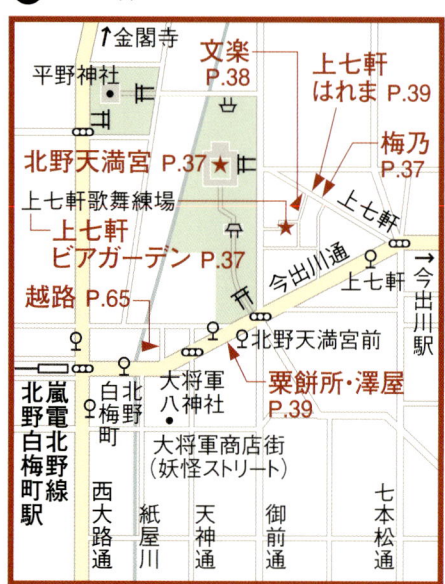

- 北野白梅町
- ↑京都
- 丸太町通
- 常盤駅
- てんぐ 常盤店 P.83
- スーパーマツモト
- 嵐電北野線
- 東映太秦映画村 P.54
- 嵯峨嵐山
- JR嵯峨野線
- 開花 P.92
- 東映京都撮影所
- 太秦駅
- 太秦映画村前
- 帷子ノ辻駅
- 太秦開町
- 広隆寺
- 京都
- 大映通
- 消防署
- 三条通
- 韓風食房 うふふ P.95
- アララ P.53
- 嵐電嵐山本線
- 太秦広隆寺駅
- ふたば菓舗太秦庵 P.53

⑰ 上七軒

- ↑金閣寺
- 平野神社
- 文楽 P.38
- 上七軒はれま P.39
- 北野天満宮 P.37 ★
- 梅乃 P.37
- 上七軒歌舞練場
- 上七軒
- 上七軒ビアガーデン P.37
- 今出川通
- 上七軒
- 今出川駅
- 越路 P.65
- 北野天満宮前
- 北嵐野電白北梅野町町線駅
- 白梅町
- 大将軍八神社
- 粟餅所・澤屋 P.39
- 西大路通
- 紙屋川
- 天神通
- 御前通
- 大将軍商店街(妖怪ストリート)
- 七本松通

⑱ 貴船〜鞍馬

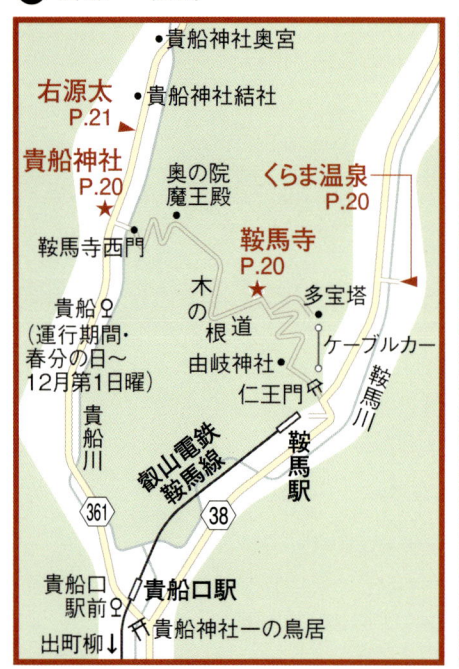

- 貴船神社奥宮
- 右源太 P.21
- 貴船神社結社
- 貴船神社 P.20
- 奥の院 魔王殿
- くらま温泉 P.20
- 鞍馬寺西門
- 鞍馬寺 P.20
- 多宝塔
- 木の根道
- ケーブルカー
- 由岐神社
- 仁王門
- 鞍馬川
- 貴船(運行期間・春分の日〜12月第1日曜)
- 貴船川
- 叡山電鉄鞍馬線
- 鞍馬駅
- 361
- 38
- 貴船口駅前
- 貴船口駅
- 出町柳
- 貴船神社一の鳥居

⑲ 二条城北

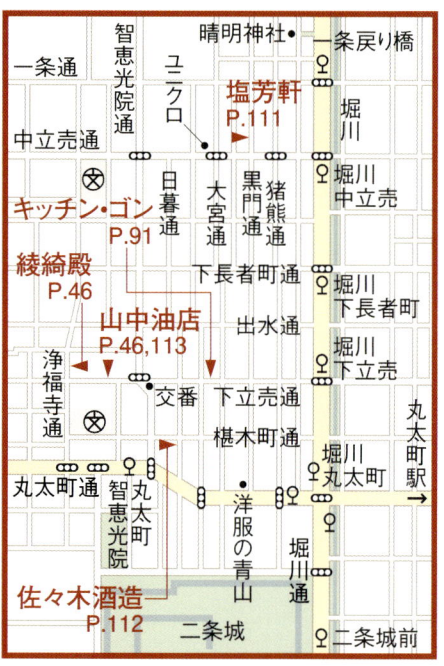

- 晴明神社
- 一条戻り橋
- 一条通
- 智恵光院通
- ユニクロ
- 塩芳軒 P.111
- 堀川
- 中立売通
- 堀川中立売
- 日暮通
- 大宮通
- 黒門通
- 猪熊通
- キッチン・ゴン P.91
- 下長者町通
- 堀川下長者町
- 綾綺殿 P.46
- 出水通
- 堀川下立売
- 山中油店 P.46,113
- 浄福寺通
- 交番
- 下立売通
- 椹木町通
- 堀川丸太町
- 丸太町駅
- 丸太町通
- 智恵光院
- 洋服の青山
- 堀川通
- 佐々木酒造 P.112
- 二条城
- 二条城前

⓴ 嵯峨嵐山

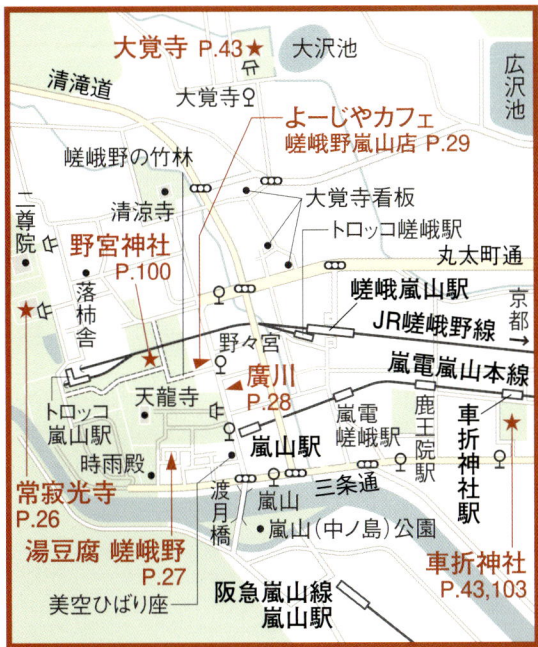

- 大覚寺 P.43 ★
- 大沢池
- 清滝道
- 大覚寺
- 広沢池
- よーじやカフェ 嵯峨野嵐山店 P.29
- 嵯峨野の竹林
- 清凉寺
- 大覚寺看板
- 野宮神社 P.100
- トロッコ嵯峨駅
- 二尊院
- 落柿舎
- 丸太町通
- 嵯峨嵐山駅
- JR嵯峨野線
- 京都
- 野々宮
- 嵐電嵐山本線
- トロッコ嵐山駅
- 天龍寺
- 廣川 P.28
- 嵐電嵯峨駅
- 鹿王院駅
- 車折神社駅
- 嵐山駅
- 時雨殿
- 常寂光寺 P.26
- 渡月橋
- 三条通
- 湯豆腐 嵯峨野 P.27
- 嵐山(中ノ島)公園
- 車折神社 P.43,103
- 美空ひばり座
- 阪急嵐山線 嵐山駅

㉑ 西賀茂～今宮

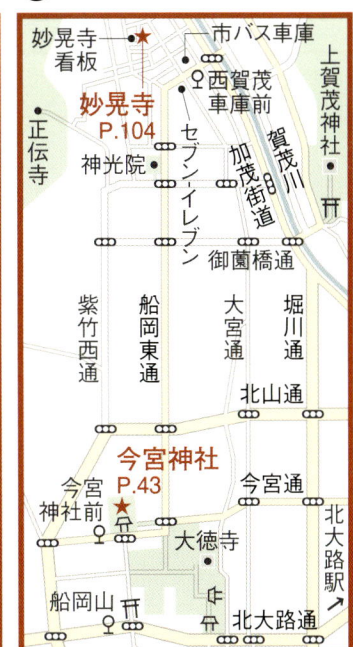

- 妙晃寺看板
- 市バス車庫
- 上賀茂神社
- 妙晃寺 P.104
- 西賀茂車庫前
- 正伝寺
- 神光院
- セブン-イレブン
- 賀茂川
- 加茂街道
- 開
- 御薗橋通
- 紫竹西通
- 船岡東通
- 大宮通
- 堀川通
- 北山通
- 今宮神社 P.43
- 今宮神社前
- 今宮通
- 大徳寺
- 船岡山
- 北大路通
- 北大路駅

㉒ 大原野

- 国道沓掛口
- 洛西高
- 大原野神社
- ⑨
- 阪急京都線
- 向日町駅
- 西竹の里北
- 東向日駅
- JR京都線
- 十輪寺
- 灰方
- 善峯寺 P.105
- 小塩
- 光明寺
- 善峯寺(1月6日～2月末は小塩止)

㉓ 北山

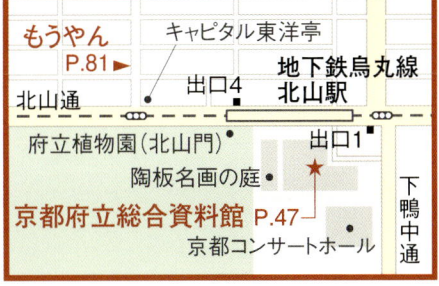

- もうやん P.81
- キャピタル東洋亭
- 地下鉄烏丸線 北山駅
- 北山通
- 出口4
- 府立植物園(北山門)
- 出口1
- 陶板名画の庭
- 京都府立総合資料館 P.47
- 京都コンサートホール
- 下鴨中通

㉔ 久世橋

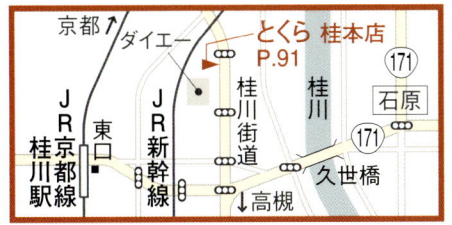

- 京都↑
- ダイエー
- とくら 桂本店 P.91
- ⑰⓵
- JR桂川駅
- 東口
- JR新幹線
- 桂川街道
- 桂川
- 石原
- ⑰⓵
- 久世橋
- ↓高槻

㉕ 宇多野

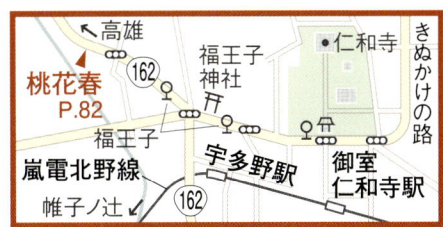

- ←高雄
- 福王子
- 仁和寺
- きぬかけの路
- 桃花春 P.82
- ⑯②
- 福王子神社
- 嵐電北野線
- 福王子
- 宇多野駅
- 御室仁和寺駅
- 帷子ノ辻
- ⑯②

決まったら探してください。船越の秘密の手帳です。

桃花春 / P82 MAP ㉕

▼ 洋食

アララ / P53 MAP ⑯
キッチン・ゴン / P91 MAP ⑲
鶴亀 JAPAN / P90 MAP ⑩
とくら桂本店 / P91 MAP ㉔

▼ 中華・韓国

一之船入 / P93 MAP ①
韓風食房 うふふ / P95 MAP ⑯
開花 / P92 MAP ⑯
風枝 / P94 MAP ⑬

▼ バー

梅乃 / P37 MAP ⑰
上七軒はれま / P39 MAP ⑰
祇園 日 / P34 MAP ⑨
しぇりークラブ 京都・石塀小路 /
P97 MAP ④
雪月花 / P96 MAP ⑩
セントジェームスクラブ本店 /
P23 MAP ⑩

▼ 甘味・カフェ

粟餅所・澤屋 / P39 MAP ⑰
イノダコーヒ本店 / P62 MAP ⑩
牛若丸 / P62 MAP ⑨
祇園 日 / P34 MAP ⑨

古都香 / P61 MAP ③
然花抄院 京都室町本店 / P107 MAP ①
紅葉庵 / P17 MAP ④
よーじやカフェ嵯峨野嵐山店 /
P29 MAP ⑳
綾綺殿 / P46 MAP ⑲
レーブドゥドゥー / P107 MAP ③

▼ その他

壹錢洋食祇園本店 / P59 MAP ⑨
上七軒ビアガーデン / P37 MAP ⑰

▼ お土産・食べもの

池鶴果実 / P86
井上佃煮店 / P85
今西軒 / P110 MAP ⑮
京漬物うちだ / P86
京野菜 錦 川政 / P88
京丹波 / P88
京都一の傳 / P112 MAP ⑩
近新 / P87
グランマーブル（ル・グランマーブル
カフェ クラッセ）/ P109 MAP ⑩
クレーム デ ラ クレーム / P108 MAP ①
こと路 / P113 MAP ①
佐々木酒造 / P112 MAP ⑲
澤井醤油 / P112 MAP ①
塩芳軒 / P111 MAP ⑲
志津屋 / P110 MAP ⑪

然花抄院 京都室町本店 /
P107 MAP ①
津之喜酒舗 / P88
出町ふたば / P109 MAP ③
畑野軒老舗 / P85
原了郭 / P113 MAP ⑨
はれま / P113 MAP ⑥
ふたば菓舗太秦庵 / P53 MAP ⑯
まるき製パン所 / P111 MAP ⑫
三木鶏卵 / P87
ヤオイソ / P108 MAP ⑫
山市商店 / P85
山中油店 / P46、P113 MAP ⑲
レーブドゥドゥー / P107 MAP ③

▼ お土産・グッズ

有次 / P89
一澤信三郎帆布 / P114 MAP ⑤
くみひも昇苑 / P115 MAP ⑩
嵩山堂はし本 / P114 MAP ⑩
鈴木松風堂 / P115 MAP ⑩
象河原町本店 / P115 MAP ⑩
豊田愛山堂老舗 / P114 MAP ⑨
舞扇堂祇園店 / P115 MAP ⑨
丸山人形 / P114 MAP ④

▼ リラックス

くらま温泉（温泉）/ P20 MAP ⑱
日吉堂（マッサージ）/ P35 MAP ⑨

Eiichiro Funakoshi's Guide in KYOTO

ジャンル別インデックス

食べたいもの、欲しいもの、したいことが

▼ スポット

嵐山 / P17
維新の道 / P44
今宮神社 / P43 MAP㉑
永観堂 / P29
祇園白川 / P17
北野天満宮 / P37 MAP⑰
貴船神社 / P20 MAP⑱
木屋町通 / P17
京都御苑 / P17
京都府立総合資料館 / P47 MAP㉓
清水寺 / P14 MAP④
鞍馬寺 / P20 MAP⑱
車折神社 / P43、P103 MAP⑳
源光庵 / P29
高台寺 / P15 MAP④
護王神社 / P101 MAP①
詩仙堂 / P29
実相院 / P29
常寂光寺 / P26 MAP⑳
水路閣 / P43 MAP⑦
大覚寺門跡・大沢池 / P29、P43 MAP⑳
大徳寺・高桐院 / P29
哲学の道 / P17
東福寺 / P29
東映太秦映画村 / P54 MAP⑯
東映京都撮影所 / P48
半木の道 / P17、P45

南禅寺 / P29、P42 MAP⑦
錦市場 / P84 MAP⑩
錦天満宮 / P89
二尊院 / P29
仁和寺 / P17
野宮神社 / P100 MAP⑳
平野神社 / P17
平安神宮 / P17
曼殊院 / P29
妙晃寺 / P104 MAP㉑
元離宮二条城 / P17
八坂の塔 / P15 MAP④
安井金比羅宮 / P102 MAP⑨
善峯寺 / P105 MAP㉒

▼ 和食

右源太 / P21 MAP⑱
閑臥庵 / P68 MAP②
祇園大渡 / P66 MAP⑨
祇園にしむら / P33 MAP⑨
京大和 / P47 MAP④
高台寺閑人 / P61 MAP④
越路 / P65 MAP⑰
文楽 / P38 MAP⑰
丸太町十二段家 / P63 MAP①
まんざら亭団栗店 / P22 MAP⑩
まんざら本店 / P69 MAP①
熊魚菴 たん熊北店 / P60 MAP①
湯豆腐 嵯峨野 / P27 MAP⑳

▼ 専門店

いづ重（寿司）/ P63 MAP⑨
串まんま（炭火焼と銀シャリ）/ P70 MAP①
逆鉾（ちゃんこ鍋）/ P71 MAP⑩
大岩（串揚げ）/ P72 MAP①
廣川（鰻）/ P28 MAP⑳
ぶぶ家（お茶漬け）/ P72 MAP⑨
炉ばた りん（炉端焼）/ P73 MAP⑬

▼ 肉料理

にく処おおた / P74 MAP①
牛宝 / P77 MAP⑧
三嶋亭 / P59 MAP⑩
焼肉北山 四条東洞院店 / P76 MAP⑬
安参 / P78 MAP⑨
駱駝家 / P77 MAP⑭

▼ 蕎麦

味禅 / P59 MAP⑬
竹邑庵太郎敦盛 / P80 MAP①
とおる蕎麦 / P81 MAP①
松葉 / P32 MAP⑨
もうやん / P81 MAP㉓
よしむら清水庵 / P16 MAP④

▼ ラーメン

新福菜館府立医大前店 / P61 MAP①
大王老麺烏丸五条店 / P82 MAP⑮
てんぐ 常盤店 / P83 MAP⑯

125　Eiichiro Funakoshi's Guide in KYOTO

Bye Bye...

写真　福森クニヒロ　橋本健次　吉村規子

スタイリスト　高田彰久

ヘア＆メーク　細谷千代子

構成・取材・文　大和まこ

アートディレクション＆デザイン　小野美名子（Hd LAB）

デザイン　中平恵理　山地春菜（Hd LAB）　安藤恵美

イラスト　添田アキ

地図作製　竹中聡司

校正　東京出版サービスセンター

衣装協力　エディ・バウアー☎0120-07-1920

取材協力　東映　TBS　テレビ朝日

アーティストプロデュース　五間岩ゆか（ホリプロ）

アーティストマネジメント　南雲勝郎　上田芳郎（ホリプロ）

船越英一郎　Eichiro Funakoshi
1960年東京に生まれ、神奈川・湯河原で育つ。日大芸術学部映画学科を経て、1982年俳優デビュー。以来、ドラマ・映画・司会・バラエティにと活躍の場を広く持つ。民放5局の2時間ドラマすべてに主演作品がある唯一の俳優でもあり、京都を舞台にした作品にも多数出演。"サスペンスの帝王"の異名を持つ。

船越英一郎の
京都案内

Eiichiro Funakoshi's Guide in KYOTO

2011年9月8日　第1刷発行
2011年9月26日　第2刷発行

著者　船越英一郎
発行者　石﨑　孟
発行所　株式会社マガジンハウス
〒104-8003　東京都中央区銀座3-13-10
受注センター　☎049-275-1811
書籍編集部　☎03-3545-7030
印刷・製本　凸版印刷株式会社

© 2011 Eiichiro Funakoshi,Printed in Japan
ISBN978-4-8387-2335-5 C0095

乱丁本、落丁本は小社製作部宛にお送りください。
送料小社負担にてお取り替えいたします。
定価はカバーと帯に表示してあります。
http://magazineworld.jp/